**Gebrauchsanweisung
für die Alpen**

Bene Benedikt

**Gebrauchsanweisung
für die Alpen**

Piper München Zürich

www.cpibooks.de/klimaneutral

Mehr über unsere Autoren und Bücher:
www.piper.de

ISBN 978-3-492-27647-4
© Piper Verlag GmbH, München 2014
Redaktion: Barbara Baumgartner, München
Karte: cartomedia, Karlsruhe
Satz: le-tex publishing services GmbH, Leipzig
FSC-Papier: Munken Premium von Arctic Paper
Munkedals AB, Schweden
Druck und Bindung: CPI books GmbH, Leck
Printed in Germany

Für *First Eye* Charlotte, *All Eye* Edda, *Guide* Sebastian
und *Doc* Franz. Sowie Ilse, Erhard und Hugo

Inhalt

Der Einstieg

Welch passender Begriff! Jedes Buch braucht einen Einstieg, der den Leser bannt, jeder Berg hat seinen Einstieg. Zumindest ist da der Augenblick, in dem der Besteiger in seine Schuhe steigt. Und sie zubindet, denn mit offenen Schuhen ist man schlecht zu Fuß. Aber nicht nur ums Wandern wird es hier gehen, sondern um alles, was zu den Alpen gehört: um die Täler und Dörfer, die Menschen, die Kultur und die Natur. Und selbst, wenn es schließlich hoch hinaufgehen soll: Zum Einstieg wird meist nicht sofort gestiegen, sondern erst einmal sehnsuchtsvoll geschaut, dann gewandert, schließlich gestiegen. Das Schauen ist wichtig: Einfach irgendwo rauflaufen kann ja jeder! Wird schon sehen, wie weit er kommt. Viel schöner ist es, sich den Berg anzuschauen, sich zu überlegen, ob man da wirklich hinaufmuss. Nein, man muss nicht, denn der Berg ruft nicht. Und doch, es ruft: in einem selbst. Manchmal spricht auch die Landkarte zu einem, zeigt feine Details, Höhenlinien, Kurven, Wege, die interessant sein könnten.

Aber die Karte braucht man nicht, wenn es um den Berg schlechthin geht, den Berg, den jeder Bergsteiger einfach haben muss. Das ist der Hausberg. Dieser Gipfel muss nicht unbedingt vor der Haustür liegen. Man muss auch nicht jedes Wochenende hinaufsteigen. Obwohl es das gibt: Der Berchtesgadener Bergführer Heinz Zembsch zum Beispiel feierte zum 70. Geburtstag seine 400. Watzmann-Ost-wand-Durchsteigung, und ein ungenannter Bergfreund aus Lechbruck scheint so etwas wie eine Flatrate für den Schönleitenschrofen zu besitzen, so oft hat er sich ins Gip-felbuch eingetragen. Im Bergjargon heißen solche Men-schen »Hausmeister«, sie kennen ihren Hausberg in- und aus*wändig*.

Für uns rekordlose Hausbergbesitzer ist nur wichtig, den Hausberg so genau zu kennen, dass man ihn glaubhaft als Hausberg schildern kann.

Mein eigener Hausberg liegt hundert Kilometer von meinem Haus entfernt, aber ich denke oft an ihn. Ich weiß, das genügt nicht. Aber immerhin ist er vom Elternhaus aus sichtbar. Wenn ich dort auf die Terrasse trete, sehe ich ihn halblinks, auf zehn Uhr. Zwischen zwei anderen Bergen.

Der eine ist der Säuling, ein sogenannter Modeberg, auf den jeder raufrennt, weil die Aussicht so toll ist. Ich habe das vor ein paar Jahren mit meinem Sohn gemacht – und traf dort oben zufällig einen alten Freund, mit dem ich 27 Jahre davor an genau derselben Stelle gestanden hatte: Da waren wir als Schüler gemeinsam heraufgestiegen. Was beweist, dass die Moden so kurzlebig nicht sind.

Der andere Berg, der Tegelberg, ist noch überlaufener, denn er hat eine Seilbahn und einen scheinbar leichten Gipfel, der aber ganz anders heißt: Von der Bergstation der Tegelbergbahn (1720 m) führt ein steiler Pfad mit ein paar dramatischen Drahtseilen auf den Branderschrofen (1881 m).

Ich liebe den Tegelberg, weil er mich zum Archäologen und zum Skifahrer machte. Das Interesse für die Archäologie verblasste irgendwann, sonst müssten Sie ganz andere Bücher von mir lesen; zu Grundschulzeiten aber, als ich mit Freunden bei der Renovierung der Stadtpfarrkirche ein paar Gräber mit richtigen Skeletten freilegen durfte, war es sehr lebendig. Später durchforschten wir Buben in großzügigen Kampagnen die Seilbahnbaustelle am Tegelberg, unter der eine römische Villa entdeckt worden war. Eine Sensation damals! Nur die Gepäckträger unserer Dreigangräder begrenzten die Ausbeute dieser, nun ja, heute würde man sagen: Raubgrabungen. Als die Seilbahn dann fertig war, lockte sie mich vom Schaufeln zum Wedeln. Und im Sommer war Radeln angesagt, auf Wegen, die gestandenen Downhillern auch heute Angst machen. Glaube ich zumindest.

Das Risikopotenzial meiner Ski- und Radtouren haben meine Eltern wohl nicht überblickt. Nur die Angst vor dem Absturz haben sie mir eingeimpft. Der war nicht anders als tödlich vorstellbar und konnte jeden treffen, wie die kleine Kapelle auf dem Wankerfleck, einer idyllischen Wiese am Fuß der berüchtigten Geiselstein-Nordwand, noch heute beweist: Sie erinnert an die erschreckend vielen Bergsteiger, die hier ihr Leben ließen. Darunter waren auch einige Priester – was mich kleinen Erstkommunikanten damals besonders verstörte.

Die steilen Zacken meiner Füssener Heimat reizten mich als Kind nur aus der Ferne, aber mein Hausberg hat mich schon immer angezogen. Er ist nicht ganz so hoch wie etwa der Säuling, hat keine ganz so gute Aussicht. Er ist stiller, denn es führt keine Markierung hinauf, kein Wegweiser, kein roter Punkt. Das scheint erstaunlich, aber: »Bei diesem ganz isoliert dastehenden Gipfel sollte einfach noch ein kleines ›Abenteuer Berg‹ erhalten bleiben.« – Klingt gut, oder? Ist ein Zitat aus dem Rother-Führer »Schwangau-Hohenschwangau« von Hermann Leeb aus dem Jahr 1977. Jahrzehntelang existierte also der Hohe Straußberg (1933 m) als »kleines Abenteuer Berg«, doch dann geschah es: Um 2010 fand ich fette Markierungen, dicke weiße Wegpfeile aus der Spraydose. Nun hoffe ich, dass ein gnädiger Wettergott all diese Zeichen bald weggewischt haben wird. Damit mein Hausberg still bleibt; ein bisschen geheim. Aber nein, das wäre nicht recht. Die Berge gehören doch allen: allen, die sich trauen, ihnen nahezukommen.

Die Alpen, wie sie jeder kennt

Schütteln wir die Schneekugel: Aus dem Flockenwirbel tauchen sie auf, die alpinen Klischees. Matterhorn und Murmeltier, Enzian, Alpenglühen und Gams (oder ist das ein Steinbock?), Seil und Haken, Geweihe. Das Geweih ist übrigens im Zuge der um sich greifenden Heimatisierung und Alpinisierung auch im Flachland wieder gesellschaftsfähig geworden, mal ganz ernsthaft, mal als gewolltes Kitsch-Zitat, in Rosa, Silber oder Gold verfremdet.

Da ist es tröstlich, dass manches alpine Stereotyp keinen Moden unterworfen ist. So hat das Matterhorn, 4478 Meter hoch, dauerhaft Bestand als Urbild des Berges schlechthin, egal ob in echt oder in Schokopapier. Seine Nordwand konnten die Münchner Toni und Franz Schmid 1931 erstmals durchsteigen, sie erhielten dafür die olympische Goldmedaille *Prix olympique d'alpinisme*.

Ähnlich verlässlich wie das Matterhorn taucht das Alpenglühen als Sehnsuchtsmotiv auf – in Wirklichkeit ist es jedoch ein ausgesprochen launisches Phänomen. Es zeigt sich je nach Wetter, Sonnenstand, Temperatur, Luftfeuchtigkeit, Blickwinkel. Streulicht spielt eine Rolle oder die Gegendämmerung, aber feste Regeln, wann und wie alles zusammenpasst, gibt es nicht. Es bleibt immer eine Überraschung: Mal zeigen sich die Gipfel und Wände in kräftigem Orange oder Rot, mal verblassen sie einfach.

Bozen ist ein guter Ort, um vor dem Abendessen entspannt auf den Rosengarten hinaufzublicken, einen Veneziano zu trinken und zu schauen, was die Sonne mit diesem Wald aus Felspfeilern, den Bündeln von Türmchen und den schroffen Wänden macht. *Enrosadira* heißt das Phänomen auf Ladinisch, der alten Sprache der Dolomiten. Die Sage liefert eine poetische Erklärung dafür. Demnach lag dort oben einst der Rosengarten des Zwergenkönigs Laurin. In Liebe entflammt, entführte Laurin das Menschenkind Simhild. Eine Tarnkappe schützte den Zwerg, und ein Wundergürtel verlieh ihm die Kraft von zwölf Männern, doch der Ritter Dietrich von Bern und seine Freunde überwältigten ihn mit einer List. Da verfluchte der gefesselte Zwerg seinen Rosengarten, der fortan weder bei Tag noch bei Nacht für das Menschengeschlecht sichtbar sein sollte. Aber Laurin tat den Fluch wohl ohne ausgefuchsten juristischen Beistand: Die Natur war spitzfindig, und so können die Menschen den Rosengarten doch noch sehen: in der Zeit »zwischen Tag und Nacht«, wenn hoch über Bozen die Felsen im Abendlicht wie Rosen erglühen.

Und Simhild? Die wurde dem tapfersten Ritter angetraut und ging in der Männer-Saga fast ein bisschen unter. Heute erinnert nicht mehr viel an sie: ein Ferienappartement in Bozen, ein Café mit veganen Brunch-Events in Leipzig und vielleicht die Bozner Rockband »Mad Puppet«. Von ihr stammt das Album »King Laurin and His Rose Garden«, auf dem sie zusammen mit einer Blasmusikkapelle zu hören ist.

Auf der Ostseite heißt der Rosengarten schlicht und einfach *Catinaccio*, angelehnt an das Wort *catenaccio*: Riegel. Die Morgensonne bestrahlt also nicht Südtirol, sondern das Trentino, verläuft doch die Grenze auf dem Kamm von Nord nach Süd. Manchmal überwindet der Gesang die Grenzen – so wie es die Bergsteigerchöre aus den Dolomiten tun. Mit »La Montanara« oder den »Bergvagabunden«, jenem Lied, in dem das sprichwörtliche Klischee von Seil und Haken vorkommt:

Wenn wir erklimmen schwindelnde Höhen,
steigen dem Gipfelkranz zu,
in unsren Herzen brennt eine Sehnsucht,
die läßt uns nimmer mehr in Ruh.
Herrliche Berge, sonnige Höhen,
Bergvagabunden sind wir.
Mit Seil und Haken, den Tod im Nacken,
hängen wir in der steilen Wand.
Herzen erglühen, Edelweiß blühen,
vorbei geht's mit sicherer Hand.

So zitiert es die schöne Website »volksliederarchiv.de« aus dem »Liederbuch der Fallschirmjäger« von 1983. Ob die »Vagabunden« heute noch politisch korrekt sind? Ich bin mir da nicht sicher. Zumal die Fallschirmjäger, jedenfalls nach der genannten Website, dem »Gipfelkranz« zustreben und nicht, wie ich es gelernt habe, dem »Gipfelkreuz«. Aber das ist vielleicht auch nicht mehr »korrekt«; es mag inzwischen ungetaufte Fallschirmjäger geben, die in ihren religiösen Gefühlen verletzt sein könnten. Die »schwindelnden Höhen« habe ich als Knabe in den Gruppennachmittagen einer katholischen Jugendgruppe namens »Bund Neudeutschland« besungen. Unter Führung eines Pfarrers oder Religionslehrers tobten wir uns in den Bergwäldern meiner Füssener Heimat bei sogenannten Geländespielen aus und sangen danach im Dämmerlicht des »Schützenheims« (einer Holzhütte am Berg). Ich erinnere mich dunkel, dass das Anschleichen, Jagen, Fangen aufregend schön, aber auch seltsam kriegerisch war. Die hohen Berge über uns waren allgegenwärtig, manchmal lockend, manchmal bedrohlich.

Streben wir also dem Kranz der Gipfel zu. Da brauchen wir »Seil und Haken«. Den »Tod im Nacken« lieber nicht – daher ist das Seil, *das* Symbol des Bergsteigens schlechthin, heute ein Hightech-Gebilde, das nichts mit dem Hanfstrick der Pionierzeiten gemein hat oder mit der Wäscheleine aus rotem Perlon, die wir in meiner Jugend auf unsere Erkundungstouren zu den Felsen im Wald mitnahmen, aber zum Glück nie wirklich brauchten. Das moderne Seil ist nicht starr, sondern gibt nach und fängt einen Sturz flexibel ab. Und dieser lebensrettende »Gummi-Effekt« ist genormt, und zwar sowohl was die Federkraft des Seils angeht als auch die Anzahl der Normstürze, die es aushalten muss. Der Normsturz ist keine ironische Erfindung. Es gibt ihn tatsächlich, als Europäische Norm 892. Sie verlangt, grob vereinfacht, dass ein Seil fünf Stürze eines Achtzig-Kilo-Gewichts aus fünf Meter Höhe aushalten muss.

Und was hält den Normsturz? Der Haken, richtig. Bei Luis Trenker, dem idealtypischen Bergsteiger schlechthin, ist das ein Stück eckig gebogenes Metall, das er mit energischen Hammerschlägen in eine Felsritze treibt. Das ist

Old School. Bisweilen wird es auch als *Trad Climbing* (*trad* für »traditional«) oder *Clean Climbing* bezeichnet, und je nach Gegend gebietet es der lokale Konsens entweder oder er ächtet es.

Oder denken Sie bei »Haken« an »Karabinerhaken«? Also an ein rundlich gebogenes Stück Metall mit Schnapper? Der heißt im Bergdeutsch nur noch »Karabiner«, und fast noch häufiger als am Berg begegnen wir ihm als Schlüsselanhänger. Richtige Kletterer bändigen damit imponierend gewichtige Bünde von Schlüsseln: für Haus, Auto, Mountainbike, Rennrad, Boulderraum der Alpenvereinssektion, Berghütte und – ganz wichtig – Schranke des Forstwegs zum Hausberg.

Seil und Haken also, beides fest verankert in unserem alpinen Klischeebild. So wie die schon zum Sprichwort geronnene Behauptung des Volksmunds: »Auf der Alm, da gibt's koa Sünd'«. Das deftig dialektale *koa* und das Auslassungszeichen bei der Sünd' sind wichtig. Lustgewinn ohne moralisierende Hintergedanken – als ob dafür auf der Alm Zeit wäre! Denn hier nimmt die Arbeit ja kein Ende, das Gras, und damit der Mist, wächst ständig nach, sodass es naheläge, die Sense ins Heu zu werfen und den Frust im Korn zu ertränken. Doch halt: Der Korn müsste ja auch erst hochgetragen werden. Dann lieber einen Enzian, den aus dem Lied: »Blau, blau, blau blüht der Enzian ...« Aber macht der blau leuchtende Kelch denn auch blau? Nein, tut er nicht. Hier fließen zwei Klischees ineinander, die wir sorgfältig trennen müssen. Die blaue Frühjahrsblume (Gentiana alpina) gehört ins Gras, nicht ins Glas. Für den Schnaps sind die Wurzeln des Gelben Enzians (Gentiana lutea) und seiner Verwandten zuständig, die im Sommer hohe, großblättrige Triebe mit meist gelben Blüten bilden.

Diese Wurzeln auszugraben, zu sammeln und schließlich zu brennen ist ein uraltes Privileg, das über die Generationen weitergereicht wird. Kühe fressen den Gelben Enzian übrigens nicht. Ihn mögen allenfalls die Nager, an denen kein Jäger alpiner Stereotype vorbeikommt.

Murmeltiere murmeln nicht – oder wenn, dann heimlich, im Winter in ihrer Höhle. Wir hören sie nur pfeifen. Dieser Warnruf war aber wohl in keiner Sprache namensgebend: *Marmotto* sagen die Italiener, *marmot* die Engländer und *marmote* die Franzosen. Alle diese Begriffe sind wohl dem deutschen Namen entlehnt, der wiederum dem Lateinischen *mus montis* (Gebirgsmaus) entstammen mag. Doch in Slowenien pfeift der *svizec*, ein Name, der etwas mit »Rolle« zu tun haben könnte, so erklärten mir slowenische Gewährsleute (also mit dem Aussehen der Tiere? Oder mit ihrem Verhalten?), und wer das googelt, stößt auf ganz besondere Übungssätze, darunter: »Warum sollte jemand ein Murmeltier stehlen?« (»*Zakaj je ugrabil svizca?*«). Oder dieser Beitrag zum freundlichen Alltagsgespräch: »Nein, ich hatte heute schon Murmeltier.« (»*Ne, jedel sem ga za kosilo.*«)

Murmeltiere leben in Höhenlagen von 1300 bis 2700 Meter, und zwar auf Wiesen oder im Geröll, so gut wie nie im Wald, am liebsten an sonnigen Südhängen mit Aussicht. Das kann man gut verstehen. Manche Menschen beneiden die Murmelis auch um den Winterschlaf: Tief in ihren Bauten schlafen sie oft mehr als sechs Monate lang, atmen nur zwei oder drei Mal pro Minute und kuscheln sich mit ihren Familienmitgliedern in ein bequemes Lager aus Heu, das sie im Herbst geerntet haben. Über den Sommer fressen sie sich dick und rund, damit sie im Winter von ihrem Fett zehren können. Im Frühjahr kommen sie dann mit vier statt acht Kilogramm aus dem Bau, blinzeln in die Sonne, fressen, fressen, fressen, spielen – und pfeifen, wenn Menschen oder gefährliche Tiere in ihre Nähe kommen.

Ende des 19. Jahrhunderts waren die Murmeltiere nach intensiver Jagd fast ausgestorben; in Deutschland gab es nur noch kleine Kolonien in Berchtesgaden und im Allgäu. Inzwischen hat sich ihr Bestand erholt oder wurde nach Wiederansiedlung neu begründet – sogar im Schwarzwald.

Wem man dort sicher nicht begegnet, sind Steinbock und Gams. Viele Menschen können die beiden nicht auf Anhieb unterscheiden: Manche halten sie für Männchen und Weibchen, andere für Jung und Alt ein und derselben Tierart. Spielt auch keine Rolle. Der durchschnittlich höhenfeste Bergler kann meist auch nicht sagen, was Dorsch ist und was Kabeljau. Hörner tragen beide, Steinbock *und* Gams, und zwar das ganze Jahr über, ein weißes Hinterteil hat dagegen nur die Gams. Essbar sind beide. Als Braten, Steak, Schinken oder Hartwurst. Je nach Alter und Zubereitung – und der Virtuosität des Verarbeiters – liegt der Geschmack irgendwo zwischen Zicklein und Hirschkalb oder zwischen Ziege und zähem Zwölfender.

Schauen wir genauer hin: Der Steinbock (Capra ibex) ist größer, meist einfarbig graubraun und hat große, durchgehend gebogene Hörner mit Buckelreihen auf der Vorderseite. So zumindest die Männchen, die Böcke. Die Damen haben kurze, weniger gebogene Hörner. Das Gehörn galt seit alters her als heilkräftig – wie eigentlich der ganze Steinbock. Kein Wunder, dass er zwischen 1600 und 1800 fast in den ganzen Alpen ausgerottet wurde: durch obrigkeitliche Jagd, aber auch durch Wilderei. Nur am Gran Paradiso, wo die Könige von Piemont (später Italien) ihr

Jagdgebiet streng bewachen ließen, überlebten ein paar Tiere, die Stammväter aller Alpensteinböcke des 21. Jahrhunderts. Die ersten Steinböcke, die in der Schweiz wieder angesiedelt wurden, waren tatsächlich Schmuggelgut aus Italien. 1906 war das, und 1911 konnten die ersten fünf Tiere in die Freiheit entlassen werden. Einer wollte übrigens nicht, erzählt Bernhard Grzimek, dem gefiel es in der Obhut der Menschen besser – er wusste wohl, dass sie ihm nicht an den Pelz wollten oder an den Bart. Aber nein, der Bart stammt ja von der Gams.

Die Gämse (Rupicapra rupicapra, einst »Gemse« geschrieben und gerne »Gams« genannt) ist kleiner als der Steinbock, hat einen weißen Kopf mit schwarzen Augenstreifen und spazierstockähnlichem Gehörn (»Krucken«). Und der Gamsbart? Der fehlt: Eine Gams ist ja keine Ziege. Der »Pinsel«, der auf den Trachtenhut gehört, stammt vom Rücken der Gams – von den langen Haaren auf dem »Aalstrich«, die im Idealfall auch noch von einem feinen hellen »Reif« überstrahlt werden. Preiswerter ist da ein Bündel Hirschhaare – aber an so etwas wollen wir bei der echten Tracht gar nicht denken.

Berufene: Führer und Getriebene

Der echte Bergler trägt die Tracht quasi als Berufsbeklei-
dung. Das mag die Hirschlederne des Jägers sein, die blaue
Schürze der Südtiroler Bergbauern oder die bunte Funk-
tionsjacke des Bergführers oder Bergfotografen. Die einen
sind hineingeboren in ein vererbtes Dasein, die anderen
haben sich dieses Leben in der Natur und in den Bergen
gesucht. Da mag ein Hobby am Anfang gestanden haben –
vielleicht auch das der Eltern –, aber irgendwann hat dann
Stufe zwei gezündet: die Leidenschaft.

Denn eigentlich lässt sich ein Hobby nicht professiona-
lisieren. Sein Wesen ist es doch, ein harmloses Gegengewicht zum beruflichen Alltag zu sein. Wenn beides eins
wird – dann, ja, was dann?

Dann kann es das große Glück bedeuten. Ein inneres
Strahlen sozusagen, wie ich es bei vielen meiner Gesprächs-
partner in den Alpen erlebt habe. Die leben in ihrer Beru-
fung, in ihren Berufen, ohne ein Gegengewicht zu brauchen: Keiner sammelt Briefmarken, züchtet Kakteen oder

bastelt an Modelleisenbahnen. Allenfalls gibt es noch einen zweiten, einen sozusagen bürgerlichen Beruf, der im Tal ausgeübt wird, wenn am Berg nichts zu tun ist. Das ist dann meist ein gediegenes Handwerk wie Schreiner, Schlosser oder Zimmermann.

Bergführer ist *der* alpine Beruf schlechthin. Aber das Berufsbild ist von einer EU-Normierung noch weit entfernt, ganz gleich, welches Land wir anschauen: Die Ausbildung ist stets lang, anspruchsvoll und teuer. Als Minimum ist mit drei Jahren zu rechnen, die französische ENSA (so etwas wie die Eliteakademie ENA, nur alpin) verlangt gar sechs Jahre. Gefordert ist nichts Geringeres als der »alpine Zehnkämpfer«, eine gefestigte Führungspersönlichkeit, die in jeder alpinen Disziplin olympiareif agiert: Klettern, Touren auf Gletschern, Skifahren (Aufstieg und Abfahrt), Eisklettern, Orientierung, Lawinenkunde. Wie bei militärischen Eliteeinheiten umranken Gruselmärchen die Ausbildung, die mit einer staatlichen Prüfung endet. Sagenhafte Marschleistungen würden da erwartet (1800 Höhenmeter in einer Stunde, mit schwerem Rucksack), Kletterfähigkeiten wie Spiderman (fünfter Grad in klobigen Bergschuhen) und das Bespaßungstalent eines Thomas Gottschalk.

Wie sieht die Wirklichkeit aus? »Bergführer« ist keine geschützte Berufsbezeichnung wie »Notar«. Im Prinzip kann sich jeder so nennen – und manche Anbieter von Bergreisen nennen ihre Reisebegleiter auch so, selbst wenn diese nicht »staatl. gepr.« sind. Seriös ist das nicht, denn hinter dem Kürzel steckt ja mehrjähriges hartes Lernen und Üben, abgeschlossen mit der Prüfung vor einer staatlichen Kommission. Dieser Prüfungsausschuss ist in Deutschland an der Technischen Universität München angesiedelt, auch wenn die Ausbildung keine akademische ist. In Deutschland kostet sie etwa 20 000 Euro, in Frankreich 11 000 Euro – dazu kommen die Kosten für Transport, Unterkunft, Verpflegung. Und der Verdienstausfall im Beruf, sofern der Arbeitgeber überhaupt bereit ist, den Aspiranten wochenweise freizustellen. Als um 1870 die erste Bergführerprüfung abgehalten wurde, war der Beruf ebenso selbstverständlich männlich wie der des Kapitäns. Erst Ende des 20. Jahrhunderts erkämpften sich die ersten Frauen das Diplom.

Michaela Egarter ist die erste Südtirolerin, die Ausbildung und Prüfung in Südtirol absolviert. Doch sie erklärt: »Diese Vorreiterrolle gefällt mir nicht so sehr, denn ich mag nicht im Mittelpunkt stehen.« Hat sie Skepsis gegenüber einer Frau erlebt? Nein, ganz im Gegenteil! Ihre Ausbilder seien immer sehr stolz auf sie gewesen. Und sie findet es ganz in Ordnung, dass sowohl Aufnahmeprüfung wie auch Ausbildung ziemlich streng sind, denn »gute Entscheidungen triffst du nur in gutem Leistungszustand, und die Kunden bezahlen schließlich für mehr Sicherheit«. Sie überlegt kurz, dann sagt sie: »Und wir Südtiroler haben unseren Stolz.«

Wem der Weg zum »staatl. gepr.« Bergführer zu weit ist, der kann trotzdem Bergfreunde führen. Da ist zunächst einmal die faktische Führung oder »Führung aus Gefälligkeit«, ein gefährliches juristisches Konstrukt, in das sich jeder erfahrene Bergsteiger begibt, der mit weniger geübten Freunden loszieht. Falls etwas passiert, ist nämlich erst mal derjenige dran, der es hätte besser wissen müssen.

Die »Führer« bei von Alpenvereinssektionen oder Sportvereinen veranstalteten Touren sind in der Regel auch nicht staatlich geprüfte Bergführer – die wären viel zu teuer –, sondern »Fachübungsleiter«. Sie sind speziell für Teilbereiche des Alpinismus ausgebildet, für Klettern, Canyoning, Mountainbiken oder Skihochtouren. Natürlich gibt es immer »*sonne und sonne*«, wie der Rheinländer sagt, also Licht und Schatten, auch bei den Bergführern: einerseits knorrige Führer im Stil von einst, die auf der ganzen Tour nicht viel mehr als ein »Steigeisen anziehen!« über die Lippen bringen und den *Kunden* ohne ein Lächeln verabschieden – und andererseits engagierte Kollegen, die Freude an der Tour haben und ihre *Gäste* für die Schönheit der Bergwelt begeistern, ihnen ein intensives Erlebnis bescheren wollen.

Das Erlebnis wird heute oft als »Event« verkauft. Auch die Natur begegnet einem kaum noch »nur so«. Erst ein »Event« macht das Bergdorf zum Touristenmagneten, befördert das Skigebiet zur Erfolgsnummer, adelt den Sport zum Ereignis. Das Wort »Event«, das Franken gerne auf dem Anfang betonen, stammt vom lateinischen »venire«, heißt also »kommen«, »herauskommen«. Klar: Wo ein Event veranstaltet wird, da muss etwas herauskommen. Ein Erlebnisgewinn für die Teilnehmer, ein Gewinnerlebnis für die Veranstalter. Das sind heutzutage nicht mehr nur Hoteliers, Kurdirektoren oder Skilehrer, sondern professionell ausgebildete Eventmanager. Ihr Feld ist weit, reicht von der Minigolf-Meisterschaft über die 24-Stunden-Wanderung bis hin zum Extremlauf. Bei einem solchen kamen unlängst an der Zugspitze ein paar Teilnehmer ums Leben, weil sie nicht hatten glauben wollen, dass es auf fast 3000 Meter kalt und stürmisch werden kann. Die Hinterbliebenen klagten, aber ohne Erfolg, hatte doch der Veranstalter auf mögliche Wetteränderungen hingewiesen. Seitdem wird darauf geachtet, dass Zugspitzläufer auch eine

Jacke mitführen. Die Geschäftsgrundlage des Eventmanagers ist natürlich der Tourist (im Allgäu auch liebevoll ironisch »Kurgascht« genannt). Der braucht keine Ausbildung, die ihn zu bewusstem Konsum der sensiblen Bergwelt befähigen würde – was hochsensible Tourismusprofis und Umweltaktivisten laut beklagen. Da muss dann die Natur vor dem Menschen geschützt werden.

Wer zuerst auf diese Idee gekommen ist? Nicht etwa die verbotsliebenden Deutschen, sondern die Schweizer. Deren Nationalpark in Graubünden besteht seit 1909. In Deutschland wurde erst 1970 der Nationalpark Bayerischer Wald gegründet, in Österreich folgte 1981 der Nationalpark Hohe Tauern. Italiens Nationalpark Gran Paradiso besteht seit 1922 – der Steinböcke wegen.

Der Eventmanager ist ein modernes Phänomen, der Senner dagegen Inbegriff der Tradition. Den ganzen Sommer oben auf der Alm verbringen, fernab der Städte und ihrem Unterhaltungsangebot – das muss man mögen oder von klein auf gelernt haben. Denn das Arbeitspensum ist so gewaltig, dass von vier Uhr morgens bis Sonnenuntergang an nichts anderes zu denken ist. Viele Selbsterfahrungs-Reportagen verherrlichen die hehre Anstrengung.

Die belesene Städterin, die nachdenklich die Anzeigen auf *zalp.ch*, der »Internetseite der Älplerinnen und Älpler« studiert und sich schließlich – wenn schon, denn schon! – für die Alm ohne Elektrizität und warmes Wasser entscheidet, mag sehr bald an ihre Grenzen stoßen, wenn sie sich nur mit ihren vierbeinigen Gefährtinnen austauschen kann, nicht aber via *social media* mit den Freundinnen daheim. Obwohl ja eigentlich klar sein sollte, dass manche Almen – als sündenlose Zufluchtsorte vor der Welt – weder über WLAN noch Handynetz verfügen. Dennoch verstehen viele Menschen einen Almsommer als Idyllsuche und Selbstfindung, als kreative Chance dank hochalpiner Herausforderungen. Nicht immer ist dann der richtige Mensch am richtigen Ort: Der Stern-Reporter, der sich ein ganzes Jahr im Hochgebirge vorgenommen hatte (auf einer einsamen Hütte, nicht als Almhirt!), rang offenbar schwer mit der sündenlosen Einsamkeit. Denn er begann sein einschichtiges Jahr damit, einen Übersichtskalender aufzuhängen, um Tag für Tag abstreichen zu können. Aber er hat durchgehalten – bewundernswert!

Das soll nicht verächtlich klingen. Ich habe höchsten Respekt vor den Menschen, die am Berg leben und arbeiten, speziell auf der Alm: Aufstehen weit vor Sonnenaufgang, ein Tagesablauf, der sich komplett den Tieren, dem Wetter, dem Käsen unterordnet, manchmal auch dem Andrang der buttermilchgierigen Tagesgäste – das ist kein Honigschlecken!

Wobei bei manchen Sennern der Ausschank wichtiger ist als das eigentliche Geschäft, das Käsen. Zu vielen Almen führen gut gepflegte Fahrwege, damit die Milch leicht hinunter- und das Bier leicht hinaufkommt. Da spazieren Wanderer und keuchen Radfahrer gerne hinauf; »Almwanderungen« sind oft nichts anderes als Kneipentouren von Käsbrot zu Kaiserschmarrn, von Schnitzel zu Sachertorte. Wird mehr Bier als Milch und Buttermilch (oder Trinkjoghurt mit Waldbeeren) umgesetzt, dann wird der Senner zum Hüttenwirt und wechselt in eine andere Kategorie der alpinen Berufe.

Der Hüttenwirt ist eine besondere Spezies des Gastwirts, manchmal sogar des Hoteliers. Er muss flexibel auf Regensturm und Gästeansturm, auf Chaos und Alltagskatastrophen reagieren können, er muss mit den Unzulänglichkeiten seiner Gäste und seiner Immobilie im Hochgebirge umgehen können. Opferbereitschaft ist da gefragt, Improvisationstalent und Gastfreundschaft. Die artet bisweilen in absatzorientierte Bespaßung aus. Doch gibt es auch Gegenbeispiele: Die Hütten des SOSAT etwa, der Arbeiter-Sektion des Trentiner Alpenvereins, haben planwirtschaftlich egalisierte Preise festgelegt. Da kostet jede Flasche Wein gleich viel. Was die Gastgeber auf dem Rifugio Cevedale im Val di Sole aber nicht etwa ausnützen, um gewinnmaximierenden Bauerntöter »aus EU-Weinen« zu verklappen; nein, als stolze Patrioten schenken sie auch feine Gewächse aus den besten Lagen des Trentino aus. Wer das Glück hat, die kleine Vitrine mit diesen Kostbarkeiten zu finden, und für würdig erachtet wird, so eine Flasche serviert zu bekommen – der weiß, wohin er die nächste Hüttentour mit Freunden macht!

Hütten: »Kein Sex im Pool vor 21 Uhr!«

Um das Wohl des Gastes kümmert sich der Hüttenwirt, der in der Schweiz »Hüttenwart« heißt. In Deutschland ist der »Wart« der Hüttenbeauftragte innerhalb der Alpenvereinssektion, der Ansprechpartner für Abrechnung, Investitionen und all den anderen ärgerlichen Klein- und Großkram. Es ist wie in jedem Miet- oder Pachtverhältnis: Es kann bestens funktionieren, wenn die zwei sich gut verstehen, wenn die Sektion genug Geld für die Hütte hat (nicht jede kann sich ihre ererbte Immobilie leisten) und wenn der Wirt genug Umsatz erwirtschaftet. Das ist aber nicht selbstverständlich.

Was unter anderem mit dem Frühstück zusammenhängt: Zwischen billigen Marmeladepäckchen in höchstens zwei Geschmacksrichtungen und einer Auswahl Marmeladen, die des Hüttenwirts Tante liebevoll gerührt hat, ist ein großer Unterschied – sowohl was den Materialeinsatz betrifft, wie der Gastronom sagt, als auch den emotionalen Wert. Denn weiterempfohlen werden nur Hütten, die dem Gast das Gefühl geben, willkommen zu sein und nicht nur Kunde.

Wobei wir die Frühstückswünsche, die wir gerade geweckt haben, wieder zügeln sollten. Denn die Marmeladenmöglichkeiten hängen von der Lage der Hütte ab, das heißt davon, ob sie regelmäßig und ohne großen Aufwand mit frischer Ware versorgt werden kann; ob es also eine Straße gibt, eine Materialseilbahn oder wenigstens Maultiere (heute selten). Nur solche Hütten werden Sie als Mitglieder der Kampagne »So schmecken die Berge« des Deutschen Alpenvereins (DAV) finden. Die ist übrigens eine feine Sache: Sie fördert lokale Produzenten und regionale Speisen.

Das »Bergsteigeressen« gehört nicht unbedingt dazu: Es ist ein preiswert kräftigendes Gericht für jene Alpinisten, die arm – was oft heißt: jung – oder geizig sind. Oder sagen wir so: denen der Gipfel wichtiger als die Speisekarte ist. Betrachten wir es als eine Art Nachwuchsförderung. Mitglieder alpiner Vereine genießen das »Gegenrecht auf Hütten«, das ihnen die Häuser zum vergünstigten Tarif öffnet (aber natürlich nicht private Hütten oder Berggasthäuser).

Wann entstand die erste Alpenvereinshütte? 1862 wurde der Österreichische Alpenverein in Wien gegründet, 1869 der Deutsche Alpenverein in München. Fragt man beim DAV nach der ältesten Hütte, so lautet die Antwort: das Schwabenhaus der Stuttgarter Sektion Schwaben, gelegen bei Bludenz in Vorarlberg, erbaut 1815 – also älter als der Verein. Wie das zusammengeht? Nun, hier hat die Sektion (und zwar erst 1925) eine Gebrauchtimmobilie erworben, ein Bauernhaus auf knapp 1200 Meter Meereshöhe, das heute als Selbstversorgerhütte betrieben wird, das heißt ohne Hüttenwirt, nach der Art einer Ferien-WG: Die Zimmer haben alle fließend Wasser, aber die Küche ist gemeinschaftlich zu nutzen.

Als erste Sektion hat die Prager eine Hütte errichtet, und zwar anno 1872: die Alte Prager Hütte auf der Osttiroler Seite des Großvenedigers, die aber nach wenigen Jahren von einer Lawine mitgerissen wurde. Der Nachfolgebau, der immer noch Alte Prager Hütte heißt, steht heute unter Denkmalschutz, ist aber geschlossen.

Also ist wohl die tatsächlich älteste (vom Verein erbaute und immer noch bewirtschaftete) Alpenvereinshütte das Gepatschhaus im Tiroler Kaunertal. Es stammt aus dem Jahr 1873, als sich Deutscher und Österreichischer Alpenverein zum DuOeAV zusammenschlossen. In den Jahren ab 1870 war das Bergsteigen ebenso schick wie heute, in jeder Stadt, deren Bürgertum auf sich hielt, wurde eine Alpenvereinssektion gegründet; die suchte sich ein Stück Alpen als »Arbeitsgebiet« und baute dort eine Hütte, schon um den Namen der Heimatstadt für alle Zeiten ins Gebirge zu tragen. So entstanden die Dresdner Hütte am Weg zum Stubaier Gletscher (1875), die prächtige Berliner Hütte im hinteren Zillertal (1879, seit 1997 unter Denkmalschutz), die Breslauer Hütte am Fuße der Wildspitze oberhalb von Vent im Ötztal (1882) sowie die Barmer Hütte im Defereggental in Osttirol, das Brandenburger Haus, die Erfurter, Kemptner, Coburger, Dortmunder Hütte.

Insgesamt betreiben DAV, OeAV und Südtiroler AVS unter der Marke »Alpenvereinshütten« 588 Häuser mit 1,2 Millionen Übernachtungen pro Jahr, mit gemeinsamer Hüttenordnung und identischen Tarifen. Dann gibt es noch die Hütten des Schweizer Alpen-Clubs (SAC), des Club Alpino Italiano (CAI), des Club Alpin Français

(CAF), jene der Naturfreunde verschiedener Länder oder die des Österreichischen Alpenklubs (ÖAK), des Österreichischen Touristenklubs (ÖTK) oder des Österreichischen Touristenvereins (ÖTV).

Manche dieser Hütten sind Paläste im Gebirge, wie die Berliner Hütte, andere Horte einfacher Gastlichkeit im Stil des 19. Jahrhunderts, wie der alte Kern der Wiener Neustädter Hütte an der Zugspitze, wieder andere ultramoderne Beispiele ökologischen und nachhaltigen Bauens. Sanierungen lohnen sich, rein finanziell betrachtet, nur bedingt. Ein altes Haus muss man sich leisten können – und leisten wollen. Denn zur Selbstdarstellung der Sektion bietet ein Neubau natürlich viel bessere Möglichkeiten.

Die Neue Monte Rosa-Hütte oberhalb von Zermatt ist ein Beispiel dafür. Der metallglänzende Bau auf 2883 Metern, der aussieht wie ein geschliffener Kristall, entspricht ganz und gar nicht dem Klischeebild einer Berghütte; aber er beweist, wie Nachhaltigkeit in den Bergen funktioniert – oder auch nicht funktioniert. Zugleich ist die Hütte ein Vorzeigeprojekt der Eidgenössischen Technischen Hochschule (ETH) Zürich, die sich den Bau zu ihrem 150-jährigen Jubiläum 2005 leistete – für 6,5 Millionen Franken, von denen der SAC ein Drittel (2,15 Millionen Franken) übernahm. Den Rest brachten Gönner und Sponsoren auf: Lotterien, Bankfonds, Bau- und Gebäudetechnikfirmen wie die Schweizer Tochter von Siemens. Von Anfang an war die Neue Monte Rosa-Hütte mit ihrer spektakulären Form ein Erfolg – schon im ersten Jahr kamen 10 600 Übernachtungsgäste statt wie geplant 6500. Inzwischen wurde die Kläranlage vergrößert. Ein Buchungstool hilft bei der Kalkulation des Energiebedarfs. Denn hier greift alles ineinander: Hülle, Innenleben und

Bewirtschaftung. Energieautark, wie es angestrebt war, ist die Hütte dennoch nicht: Fast die Hälfte der Energie (statt des erhofften Zehntels) muss der Stromgenerator liefern, der nur für Notfälle oder Spitzenlasten gedacht war und mit Rapsöl betrieben wird. Und Rapsöl bedeutet auf fast 3000 Meter Höhe nicht einfach Treibstoff, sondern »Primärenergie plus Hubschraubertransport«.

Manche der Hütten-Neubauten des 21. Jahrhunderts sind als Passivhäuser angelegt, so etwa das Schiestlhaus des ÖTK am wasserlosen Gipfelaufbau des Hochschwab: 2156 Meter hoch gelegen, 2005 eingeweiht, knapp zwei Millionen Euro Baukosten. Oder das Refuge du Goûter des CAF (3835 m, 2013 eingeweiht) am Normalweg zum Mont Blanc. Der größte Teil der 6,5 Millionen Euro Baukosten entfiel hier auf die Transportflüge – es wird dauern, bis die Passivnutzung den CO_2-Abdruck neutralisiert. Der DAV ist daher Passivhäusern gegenüber skeptisch und favorisiert einfache Technik ohne großen Bauaufwand, die der Hüttenwirt selbst reparieren kann.

Streit wird es aber um jeden Hüttenumbau oder -neubau geben – da reicht der Alltag aus dem Tal gnadenlos bis ins Hochgebirge. Traditionalisten treten gegen Futuristen an, Rationalisten gegen Romantiker, Statiker gegen Dekorateure, Rechner gegen »Wenn schon, denn schon«-Großzügige. Solcher Zwist hat Tradition: Aus deutscher Sicht ist die wichtigste Bergsteigerstadt (zumindest Deutschlands, wenn nicht sogar der Welt) München. Konsequent also, dass die Sektion München des DAV den höchsten Berg (zumindest Deutschlands, wenn nicht sogar der Welt) als ihren ganz privaten Spielplatz und als ihr ureigenes Arbeitsgebiet ansieht. Sollen die paar dahergelaufenen Garmischer, Grainauer oder Ehrwalder (von den Partenkirchnern ganz zu schweigen) doch denken, was sie wollen. Als Urmünchner Berg trägt die Zugspitze nicht weniger als drei Münchner Hütten, die seit dem 19. Jahrhundert eine – wie man damals zu sagen pflegte – Eroberung des Gipfels in wohl abgestimmten Attacken ermöglichen. Und auf dem Gipfel steht, natürlich, das Münchner Haus. Adresse: Partenkirchen 1.

Gehen Sie in Gedanken nun 125 Jahre zurück: keine Seilbahn, keine Terrasse mit Souvenirbuden, noch nicht einmal der urtümliche Turm der Wetterstation, der heute noch das Ensemble der Zugspitzbauten beherrscht. Also ein wilder, dreigipfliger Spitz, halb Tirol, halb Bayern, auf allen Wegen nur für gute Bergsteiger erreichbar. Und dort oben sollte eine Hütte hin? Da drehte sich den »ausüben-den Bergsteigern strengerer Richtung« der Sektion Mün-chen der Magen um: Diesen Sündenfall, diesen Verrat am Bergsteigen wollten sie keinesfalls mittragen. Das Münch-ner Haus wurde dennoch gebaut – ohne Seilbahn, ohne Hubschrauber. 1895 war Grundsteinlegung, worauf die »strengere Richtung« sich abspaltete, um eine eigene Sek-tion namens »Bayerland« zu gründen. Dass die inzwischen auch Hütten hat, wage ich kaum zu schreiben, weil es so negativ wirkt. Ist aber die reine Wahrheit.

Kehren wir zurück in die Gegenwart. Auch heute baut die Alpenvereinssektion München an der Zugspitze, und zwar eine neue Höllentalangerhütte – die Unterkunft am schönsten, weil vielseitigsten Anstieg. Kurz eingeschoben sei, dass die Zugspitze überhaupt nur schönste Anstiege hat, die sich allenfalls in der Art ihrer Schönheit unterschei-den. Da gibt es noch den wildesten schönsten Anstieg (Jubiläumsgrat, wird meist im Abstieg begangen), den ein-samsten und dramatischsten schönsten (Stopselzieher) und den gemütlichsten schönsten (Partnachklamm – Reintal – Platt) mit der Variante des tirolerisch gemütlichsten schönsten (Gatterl – Platt).

Strengere Bergsteiger brauchen die Höllentalangerhütte ohnehin nicht, weil sie das Stünderl von Hammersbach durch die Höllentalklamm am Morgen raufrennen, um die Hüttenschläfer möglichst noch vor dem glatten Felsen namens »Brett« oder spätestens bis zum Ferner zu überholen. Das kann man so machen. Man kann aber auch am Spätnachmittag nach der Arbeit gemütlich nach Garmisch fahren, in Ruhe aufsteigen und schön zu Abend essen. Genießen, wie die Nacht allmählich herniedersinkt, wie die Sterne das Regiment in dem engen Tal übernehmen und wie am Morgen die ersten, noch zaghaft tastenden rosa Strahlen der Sonne durch die kleinen Hüttenfenster den Gipfeltag ankündigen. – Halt: Das ist Vergangenheit. Denn die Hütte wurde nach einigem Streit, ob das wirklich nötig sei, im September 2013 abgerissen; es gab heftigen Streit über die korrekte Entsorgung des Bauschutts, langen heftigen Streit um die Baugenehmigung – und ebenso heftig ist der Streit über die Form des Neubaus, der noch andauert: Warum ein »Hexenhaus« durch eine Pultdachscheußlichkeit ersetzt werden müsse, verstehen manche nicht, wo doch klar sei, dass man unter einem Lawinenhang nur eine Schneeschanze bauen könne. Oder besser gar nichts?

Eine »strengere« Sektion hat sich noch nicht abgespalten, aber Zwist gibt es wohl immer, wenn engagierte Ehrenamtliche aufeinandertreffen – und auf zwar nicht aktive, aber meinungsmäßig noch engagiertere Mitglieder. Ich werde mich hüten, hier Partei zu ergreifen. Ich mag Hexenhäuser ebenso gerne wie moderne Dachformen.

Wichtig ist mir nur, dass die rosa Strahlen der Morgensonne den Gipfeltag ankündigen können. Wenn ich denn das Glück habe, am Fenster zu liegen. Das Liegen ist nämlich ein zentraler Punkt bei jeder Hüttennacht. Man liegt entweder im Lager oder in einem Bett. Der Unterschied ist dabei der gleiche wie im Zug und hat mit der gebotenen Bequemlichkeit und der Menge der Mitschläfer zu tun: Im Liegewagen liegt man, im Schlafwagen schläft man.

Das Lager gehört als ungeliebte Notwendigkeit noch immer zu fast jeder Hütte. Es gibt sie klein und groß, für Familien oder ganze Kompanien. Theoretisch hat jeder Gast eine Matratze, mittlere Stärke, mehr oder weniger durchgelegen, mit einem Spannbetttuch bezogen, und ein kleines Kopfkissen im gewürfelten Bezug. An schönen Wochenenden wird man nicht allein liegen: Da drängen sich ein paar mehr Bergfreunde auf den paar Handbreit. Decken gibt es meist genug, aus schwerem Wollfilz oder modernen Geweben. Hartnäckig halten sich Gerüchte, die Hüttendecken würden einmal im Jahr gelüftet, oder gar zweimal: zur Saisoneröffnung im Frühling und auch noch im Herbst vor der Bewirtschaftungspause; aber das ist eine alpine Mär. Fotos, die Alpenvereinsdecken *vor* einer Hütte zeigen, sind abgefeimte Photoshop-Montagen.

Denn die Hüttendecke muss den Zauber des Gebirges atmen, zumindest ein wenig davon. Dass auf einer Seite in großen Lettern »FUSSENDE« steht, kümmert nicht jeden. Zum Lesen ist es ohnehin zu dunkel. Doch egal, wo der Deckenzipfel, der einem nachts hinterhältig durchs Gesicht wischt, beim Vorschläfer lag, am Fußende, in einer absturzängstlich verschwitzten Hand oder gar in Ohr, Mund oder Nase – es wird sich immer das ekligste Stück

Decke an uns ranmachen, im Dunkeln, wenn wir wehrlos in den Rest des Aggressors eingewickelt daliegen.

Gegen allzu innigen Kontakt mit der Alpenvereinsdecke soll der Hüttenschlafsack helfen, ohne den man nicht ins Lager oder in eines der Hüttenbetten darf. Der Hüttenschlafsack ist ländlich kariert oder leintuchweiß, psychedelisch gemustert oder unifarben dunkel (was zu häufiges Waschen sozusagen im Keim erstickt). Verschiedene Baumwoll- oder Funktionsfasern machen ihn atmungsaktiv oder auch nicht, schwergewichtig oder leicht. Besonders verwöhnte Gewichtsminimierer wählen ihn in Seide, was auch klimatisch angenehm ist: wärmend bei Kälte, luftig im Sommer. Sie merken, ich weiß, wovon ich spreche.

Anders als ein »normaler« Schlafsack hat der Hüttenschlafsack in der Regel keinen Reißverschluss, allenfalls kleine Klettverschlüsse. Die sollen das Einsteigen erleichtern, klammern sich aber nachts gerne an Kopf und Kotelette, in Ohr und Achsel. Zusätzlich zur großen »Tüte« für den Körper gibt es am Kopfende eine »Tasche«: Da hinein gehört das bereitliegende Kissen, das aber immer zu groß oder zu klein ist. Im ersten Fall liegt man wie auf einer Luftmatratze aufgebahrt, im zweiten kriecht das Hanserl überall hin, anstatt bestimmungsgemäß unter dem Kopf zu bleiben. Profis stopfen sich lieber den Pulli so gekonnt mit anderen Kleidungsstücken aus, dass sich die orthopädisch richtige Unterstützung der Halswirbelsäule ergibt. Nur die Ärmel sind dann manchmal im Weg. Man muss sie als Halstuch oder Schlafbrille einsetzen, dann geht's.

Manchmal stecken verzweifelte Hüttenschläfer den Kopf in die Kissentasche, um die Schnarchgeräusche zu dämpfen, die das Lager zum Beben bringen. Aber das ist natürlich völlig sinnlos: Der Schnarch ist stärker! Dreißig Mann in einem Raum, auf Pritschen mit zwei oder gar drei Etagen, unter Dachschrägen oder niedrigen Decken – da können alle möglichen Phobien aufkommen. Klaustrophobie, Angst vor dem Ersticken oder eben Schnarchophobie. Dagegen sind nur diejenigen gefeit, die selbst schnarchen (aber das sind, wenn man sich so umhört, nur gaaanz wenige), Harthörige und Optimisten, die auf die Wirksamkeit von Ohropax vertrauen, das einst gegen den Kanonendonner des Ersten Weltkriegs erfunden wurde. Dass der Deutsche Alpenverein es selbst als Werbegeschenk verteilt, ist achtenswert souverän.

Doch wie gesagt: Es hilft NICHTS. Weder das »Ach, eins geht noch«-Bier (das bevorzugen Schnarcher), noch das »Na gut, das letzte«-Viertele Rotwein (das diversifiziert das Kopfweh am nächsten Morgen in Schnarchschmerz und Katerkrämpfe, zusätzlich zum leichten Höhensausen). Es hilft nicht, früh ins Bett zu gehen – dann weckt einen der Letzte, der dann sofort schnarchend einschläft, während man selbst keinen Schlaf mehr findet; und es hilft auch nicht, als Letzter das Lager aufzusuchen, denn erstens schnarchen dann schon alle, und zweitens muss man bis dahin ja auch etwas konsumieren, was man wiederum am nächsten Morgen merkt.

Dennoch fand ich schnarchdurchwachte Nächte sehr phantasieanregend. Als friedlicher Mensch wäre ich sonst nie und nimmer auf eine solch interessante Vielfalt von gewaltsamen Todesarten gekommen, vom verschnarchten Erwürgen bis … ach, lassen wir das. Freuen wir uns lieber auf den nächsten Morgen.

Frühe Wecker gehören zur Hüttennacht. Handys sind klasse. Selbst ohne Netzempfang halten sie eine bemerkenswerte Zahl von Tönen bereit. Nicht immer wird der

Besitzer davon wach – der kennt sein Geklingel ja schon und kann es gut ausblenden –, dafür aber alle anderen. Die das krakeelende Gerät im dunklen Lager natürlich nicht finden. Finden sie es schließlich doch, so stellt sich manchmal heraus, dass das Signal um drei Uhr nachts gar kein Weckruf ist, sondern an eine Konferenz in einer fernen Zeitzone erinnert. Dorthin wünscht man sich dann den Handybesitzer. Was aber nichts hilft. Zurück also zu den Mordphantasien und zum Warten auf die Dämmerung. So lange mag nicht jeder warten. Es ist auch keineswegs so, dass das genormte Alpenvereinsschlafen in genormten Alpenvereinshüttenschlafsäcken unter genormten Alpenvereinsdecken zu genormtem Aufstehverhalten führt.

Sehen Sie sich also beim Schlafengehen ihre Nachbarn genau an: Chaos um den Rucksack? Das bedeutet langes Gruschteln, Kramen und Fluchen beim Aufbruch. Besser ein ordentlich gepackter Gefährte, der in gerader Haltung auf seinen Herrn wartet. Oder die Herrin natürlich.

Hüten sollten Sie sich aber unbedingt vor überreich ausgerüsteten Mitschläfern, die so ein gewisses eifriges Glitzern in den Augen haben und die Steigeisen schon beim Zubettgehen anziehen. Die werden sicher saufrüh am Weg sein. Und energisch aufstehen, nicht still und heimlich. Denn als Erster am Gipfel zu sein ist schon ein Wert, der verdient sein will.

Zunächst bleibt die Frage, ob wir unseren eigenen Wecker abwarten und derweil die vielen lustigen Weckrufe (»Kikeriki!«) ringsum genießen oder doch lieber schon mal aufstehen. Mit oder ohne »Bonk«. Das ist eine wichtige Warnung: Lassen Sie sich bloß nicht von einem der besonders bemüht lustigen Weckrufe provozieren! Auch wenn die gerne am lautesten krähen. Jetzt bloß liegen bleiben, sanft seufzen, aber ja nicht entschlossen hastig aufsetzen! Die genormte Alpenvereinshütte ist in so einem Fall nämlich garantiert ungenormt und zaubert einen Querbalken an eine Stelle, wo man ihn nicht erwartet. Das Ergebnis: »Bonk!«

Spätestens nach den folgenden Fluch- und Wehlauten ist das ganze Lager wach. Wird auch Zeit, draußen scheint die Sonne, der Berg ruft und der Wirt will sein Frühstück abräumen. Sich da noch mal in aller Gemütsruhe umzudrehen, weil ja der vier Stunden entfernte Gipfel nicht schon um zehn Uhr wieder abgebaut oder zugehängt wird, das ist reine Nervensache. Meist ist es auch die falsche Wahl, rein bergsteigerisch. Aufstieg in der Vormittagssonne, Rast in sengender Mittagsluft, dunstiges Panorama. Muss aber nicht so sein. Ich hab auch schon nach dem »Bonk« des Nachbarn weitergeschlafen und doch noch eine herrliche Tour erlebt. Nur sollten Sie am Vorabend die Frühstückszeiten checken – auch im Interesse des Hüttenwirts. Es soll welche geben, die Frühstücks-Individualisten gar nicht schätzen. Licht abdrehen im halbdunklen Speisesaal ist da die Mindeststrafe. Aber kommen wir lieber zu den Freuden nach dem Frühstück, zu hochalpinen Genüssen wie Sex im Pool.

Schon bei der Überschrift haben Sie wohl gedacht, dass der Benedikt jetzt ein Füllhorn der Phantasie aufmacht oder zumindest ein Fass der Frivolitäten. Nichts davon müssen Sie befürchten! Jeder von uns weiß, dass trotz Hüttenschlafsackpflicht und hoher Belegungsdichte die Sehnsucht ihren Weg findet. Da ist nun *Ihre* Phantasie oder Kreativität gefragt, nicht meine.

Aber dennoch: Was die Worte »Sex« und »Pool« mit Berghütten zu tun haben, ist keine Sache der Phantasie.

Auch hier erzähle ich nur nach der Wirklichkeit. Eine Hütte mit Swimmingpool kenne ich nicht, das sind dann Berghotels. Die Seen, die einige Hütten vor der Tür haben (was immer sehr schön ist), taugen meist nicht zum Baden, allenfalls zum Bootfahren. Ich denke da an das Wildseeloderhaus bei Fieberbrunn oder die Zittauer Hütte bei Gerlos. Wohl aber gibt es Hütten mit Sauna und dann auch mit Tauchbecken-Wasserfass oder Whirlpool.

Eine davon ist das »Schutzhaus Schöne Aussicht«, das ganz oben im Südtiroler Schnalstal auf 2845 Meter Höhe liegt. Es hat eine große Fass-Sauna vor der Tür, vermutlich die höchste der Alpen, und den Whirlpool daneben. Außerdem hat das Schutzhaus einen begnadeten Wirt. Paul Grüner ist nicht ausgelastet mit seinem Hotel im Tal (das schmeißt hauptsächlich seine Frau), also zelebriert er kreative Knödel, frische Früchte, lokales Wildbret und edle Weine auch in der Höhe, ganz nah am Gletscher – und im Winter an der Skipiste. Die Seilbahn macht's ihm leicht, und viele Stammgäste sind ihm seit Langem freundschaftlich verbunden. Die hat er gefragt, wie er die winzigen Sanitärräume des alten Gemäuers aus dem Jahr 1890 neu gestalten soll. Das Votum war eindeutig: lieber geräumig und gemischtgeschlechtlich als puritanisch getrennt und eng. Und das Ergebnis ist überraschend in so einem altehrwürdigen Bau: eine kleine Sanitärhalle mit wunderschönen Waschbecken aus Holz und Glas sowie Duschkabinen mit Panoramafenstern. Mit Blick auf die Piste – und von der Piste herein. Was aber nichts macht, denn tagsüber, bei Skibetrieb, duscht ja niemand. Jedenfalls normalerweise: Als mir jedoch Ulrich Innerhofer, Pauls Sanitäringenieur, voller Stolz die neuen Duschen zeigte, kam uns ein spärlich bedecktes junges Pärchen entgegen, sie kichernd, er gscha-

mig. Nach kurzer Sprachlosigkeit bemerkte Ulrich souverän: »Und die Kabinen sind auch groß genug für zwei!«

So, nun wird's Zeit, den Titel des Kapitels zu erklären.
Er ist nichts anderes als ein Zitat aus den Regeln, die im
Schutzhaus Schöne Aussicht hängen: »Die Sauna und alle
sanitären Einrichtungen rücksichtsvoll benützen (kein Sex
im Pool vor 21 Uhr)!«

Trautes Heim, Ster komm rein

Eine Hütte funktioniert auch ohne Wirt, als sogenannte Selbstversorgerhütte oder als »Winterraum«. Diesen Teil der Hütte sperrt der Hüttenwirt dann auf, wenn er zusperrt. Denn es kommen ja auch im Winter, wenn sich die Bewirtschaftung der Hütte nicht lohnt, Bergsteiger herauf: aus alpinem Ehrgeiz oder aus Genusssucht, um fernab der Welt in Schnee und Wildnis zu übernachten oder gleich mehrere Tage mit Traumtouren zu verbringen. Freilich, man muss wissen, wo der Schlüssel zu holen ist. Doch das ist meist ganz einfach: Es gibt einen Generalschlüssel für alle Alpenvereinshütten, und diesen segensreichen »AV-Schlüssel« verleihen die Alpenvereinssektionen.

Immer offen sind Schweizer Winterräume und natürlich die Biwaks. Das ist kein Fremdwort, auch wenn es uns gelegentlich als glaubhaft französisiertes »Bivouac« begegnet, sondern hat deutsche Wurzeln. Die »Bei-Wacht« steckt da drin, also das Aufpassen auf einen Schlafenden. Dazu genügt unter Umständen eine schmale Felsleiste, auf der man etwas Schlaf schöpft, bevor es am nächsten Morgen erschöpft weitergeht. Ein Biwak als Gebäude kann eine einfache Höhlung im Fels sein, eine primitive Hütte oder eine Blechkapsel wie der Aljažev stolp (Aljaž-Turm) auf dem Gipfel des Triglav (2864 m), des höchsten Bergs Sloweniens. Dieses Türmchen sieht aus wie eine lustig zugespitzte Litfaßsäule aus Blech, während sonst bei Biwaks eher das Modell »Raumkapsel« überwiegt.

Bayerische Bergsteiger kennen den roten Würfel auf dem Jubiläumsgrat an der Zugspitze. Geübte brauchen ihn nicht, weil sie den Grat in gerade mal fünf Stunden »abknipsen«. Manchen Menschen aber ist ein großer Name im Tourenbuch wichtiger als die selbstkritische Einschätzung des eigenen Könnens, und so vertun sie Stunde um Stunde im Alpinistenstau und beim mühsamen Sichern an Stellen, die man besser ohne Seil, ohne Schwanken und ohne Zögern begehen sollte. Wenn dann am Nachmittag die Kräfte nachlassen, der Grat aber noch lange nicht ans Aufhören denkt, sind sie froh über eine Unterkunft.

Dass manche Biwaks rot oder orange sind und sich ganz und gar nicht in die Umgebung einfügen, hat übrigens den Sinn, dass der suchende Alpinist nicht an ihnen vorbeiläuft. Das ist bei Sturm, Nebel oder Schnee durchaus praktisch, auch wenn bei schönem Wetter schwer vorstellbar ist, wie man auf einem scheinbar so klaren Gratverlauf etwas verfehlen oder sich gar verirren kann. Aber das geht!

So, öffnen wir nun die knarrende, klemmende Tür. Das ist bei jedem Biwak ein spannender Moment: Haben sich schon zehn andere auf den acht Pritschen eingerichtet? Sind sie abweisend und unfreundlich oder aufgeschlossen für neue Gesichter und Geschichten und bereit, Brot, Nudeln, manchmal sogar Wein mit uns zu teilen? Oder erwartet uns ein lauschiger Abend allein mit den Sternen oder auch mit Wind und Regen und der Aussicht auf eine glitzernde Schneedecke am nächsten Morgen? Und überhaupt: Finden wir ein ordentliches Schutzhüttchen vor, mit einigermaßen sauberen Decken und Liegematten, oder sieht es aus wie nach einem Piratenangriff? Auch das gibt es leider, sodass wir manchmal schon sehr, sehr müde sein müssen, um zu schlafen, anstatt die Nacht als »Beiwacht« mit Putz- und Frühstücksgedanken zu verbringen.

Ein Luxusbiwak will ich Ihnen noch verraten: Es steht – wo sonst? – in Lech, genauer gesagt hoch über Lech auf dem Gipfel des Stierlochkopfs auf 2354 Metern. Wie eine Krone thront der leuchtende Kubus aus Lärchenholz da oben, zu schön, um »nur« eine Notunterkunft für verirrte Bergsteiger zu sein.

Berggängige Designer und Architekten sollten dort mal eine Nacht verbringen und durch die Cinemascope-breiten Fenster über dem Tisch und in den vier Kojen das Panorama bestaunen. Bis weit in die Schweizer Gipfelwelt oder hinab ins Alpenvorland geht der Ausblick. Manchmal sieht man allerdings auch nur weiße Wattesuppe, Schneekruste oder Sternensaat. Den Schlüssel zum Biwak hüten die Damen im Verkehrsamt; ausgeliehen wird er stets nur für eine Nacht, gegen ein Pfand und eine mäßige Gebühr. Um die Verpflegung muss der Besucher sich, wie beim Biwak üblich, selbst kümmern.

Was Essen betrifft, unterliegen Hütten im Hochgebirge überhaupt eigenen Gesetzen. Die Versorgung ist schwierig und teuer, und manchmal gibt es nur einen Wirt im Schweizer Sinne, den »Hüttenwart«: Der bewartet eine eigentlich unbewirtschaftete Hütte und bewirtet die Gäste. Aber nur in Maßen. Das Aarbiwak der Sektion Pilatus des

SAC ist ein Beispiel für diese Schweizer Spezialität. Es liegt auf 2731 Metern in den Berner Alpen, am Fuß des Lauteraarhorns, über dem Zusammenfluss von Strahlegg- und Finsteraargletscher. Das bedeutet: Lage und Aussicht sind einfach imponierend! Sechs bis sieben Stunden dauert der Zustieg vom Grimselsee; Markierungsstangen und – wirklich! – Verkehrszeichen helfen, den Weg über die Gletscher zu finden. So befiehlt das runde blaue Schild mit dem Pfeil (Typ 2.37 der Schweizer Signalisationsverordnung) »Rechtsabbiegen«, damit man das Biwak auch findet. Manchmal kann man über die Schweizer nur staunen.

Über die Finessen von Bewirtung und Bewartung auch. Denn der Wirt, nein Wart, ist nur dann auf der Hütte – pardon: auf dem Biwak –, wenn viele Gäste zu erwarten sind. Er kümmert sich um alles einschließlich Küchenarbeit, aber nicht um die Versorgung! Wer etwas gekocht haben will, muss die Zutaten mitbringen. Das hat Tradition auf dem Aarbiwak. Matthäus Brefin hat mehr als dreißig Jahre lang Generationen von Bergsteigern versorgt, mit heißen Getränken und liebevoller Arbeit am Herd und gerne auch mit einem Lied auf seinem Alphorn.

Einmal drängte er mich, es doch auch einmal versuchen. Eine große Herausforderung für mich alten Melodica-Spieler (dessen Repertoire allerdings eng begrenzt war: auf den Refrain von »In-A-Gadda-Da-Vida«).

Nun betrachtete ich zweifelnd das runde hölzerne Mundstück des unfassbar langen Horns, blies hinein – nichts. Ich probierte es wieder und wieder – aber kein einziger Ton kam heraus, nicht das kleinste Trööt. Von einem »Töö-töö-tö-tö-tö-töö« ganz zu schweigen. Also schweigen wir davon. Ich weiß nicht mehr, wer enttäuschter war, Matthäus Brefin oder ich.

Inzwischen hat Matthäus den Biwakschlüssel, die Kochlöffel und das Alphorn an seinen Sohn Markus übergeben. Der verbrachte schon als Kind viele Wochen auf dem Aarbiwak und liebt diesen Adlerhorst über den Eisströmen mit großer Leidenschaft. Er betont, wie wichtig es sei, sich rechtzeitig anzumelden, »damit ich allenfalls disponieren kann«. Falls er nicht auf der Hütte sein kann, gibt es für Gruppen eine pfiffige Notlösung: Markus verrät ihnen den Schlüsselcode für die große Gaskocheranlage.

Feiner als jedes Schutzhaus scheint manchem ein eigenes Haus am Berg. Ob zu mieten oder zu kaufen, im Immobilienteil der »Süddeutschen Zeitung« ist fast jede Woche eine große Auswahl zu finden. Die Spanne ist so gewaltig, dass man nur staunen kann. Das Angebot reicht von winzigen Buden ohne jeden Komfort und fernab fahrbarer Wege für etwa 200 Euro im Monat bis zum luxussanierten Gutshof bei Kitzbühel, mit Schwimmbad und Chauffeurshaus – »Preis auf Anfrage«.

Dazwischen liegen Fundstücke wie das Zwölf-Quadrat-meter-Holzhäuschen am Wildbach unter der Starkstromleitung (»bzzzzzzzzzzzzzzzzzzzzzzzzzzzzzzz«), der mit viel Fell in ein kanadisches Liebesnest verwandelte Zillertaler Stadel am mückenverseuchten Steilhang oder die »halbe« Wohneinheit im Siebziger-Jahre-Hippie-Outfit, die auf Wohl und Weh, auf Heller und Cent mit einem anderen Pächter zu teilen ist; man kann sicher sein, dass der mindestens ebenso individualistisch und eigensinnig ist wie man selbst. Oder wie wäre es mit einem aufgelassenen Bauernhof voller funktionsuntüchtiger Gerätschaften – für die Kinder ein großartig verletzungsträchtiger Abenteuerspielplatz? Einer meiner Freunde freute sich zunächst, dass der Vermieter jeden Morgen angefahren kam, um in der

Küche den Dauerbrandofen einzuheizen – bis das Gefühl der Beobachtung und Bedrängnis überhandnahm. Gewöhnungsbedürftig ist auch die Rauchkuchl anderer Freunde: Ab einem gewissen Alter lassen sich historisch wertvolle Öfen wohl nicht mehr abdichten. Ebenfalls zu haben: Fertighäuschen im Holzdekor (wenn auch mit modernem Komfort), die wie ein Baucontainer auf der Doppelgarage des Vermieters horsten, genau an der Straßenkehre, wo jeder bremst und schaltet.

Unschlagbar ist die Lage hoch über dem Parkhaus, mit allerbester Aussicht auf die Skyline der bayerischen Landeshauptstadt. Mit Holzwänden, Hirschgeweihen, alten Ski, Fellen, gusseisernen Altgerätschaften und beflissenen Servicekräften in Dirndl und Lederhose. Die zwar nicht unbedingt alpenländisch sprechen, aber Hochfliegendes servieren. Der Zustieg erfolgt bequem im verspiegelten Lift, dann über Treppen um ein paar Ecken und Fels-, nein Dachnasen. Und das Ganze mitten in München? Ja, ganz richtig, aber nur im Winter: Denn dann wird der Pool auf dem Dach des »Mandarin Oriental Hotel« abgedeckt, und darauf entsteht dann »Die Alm« (deren Einzelteile samt Dekor mit dem Kran in die Höhe reisen). Der Hotelprospekt verspricht »eine Hüttengaudi der besonderen Art … einmalige urige Hüttenatmosphäre … bayerische Volksmusik und Tanz auf den Bänken … Schmankerln in schwindelnder Höhe«.

Ach ja, die Lage. Das Hauptkriterium bei jeder Immobilie. Hat die Hütte Aussicht oder nicht, ist sie über Straße, Fußpfad oder mit der Seilbahn zu erreichen? So lauten die entscheidenden Fragen. Wer eine Hütte an der Piste hat, ist zwar morgens schnell auf dem Ski – aber direkt unter den ratternden Rollen der Seilbahnstützen möchte ich nicht wohnen. Ganz abgesehen davon, dass einem tagsüber Hunderte, wenn nicht Tausende von Neugierigen von oben herab ins Fenster spähen. Die Aussicht ist auch nicht immer so dauerhaft, wie man als argloser Städter denken mag. Der voluminöse Hügel, der die Hütte optisch und akustisch von der Autobahn trennt, kann eines Tages plötzlich verschwunden sein, abgetragen vom Bauern zur Kiesgewinnung und zur Geländeglättung, damit das Heumachen nicht mehr so mühsam ist. Und so steht dann der Hort der Stille plötzlich wie auf dem Präsentierteller hoch über der Blechlawine. Nun gut, vorbeifahrende Freunde können einem zuhupen und freundlich winken.

Oder das Idyll mit Blick auf die fernen Gletscherberge, im Vordergrund eine bunt blühende Bergwiese. Schööön! Dann rücken eines Tages Bagger an, und wo Wiese war, steht wenig später das erschreckend große Haus des Hoferben. Denn verständlicherweise mag die bäuerliche Großfamilie von heute nicht wie früher unter einem Dach leben, sondern jede Familie baut ihr eigenes Haus. So werden aus Einödhöfen Weiler, aus Weilern Dörfer, aus Dörfern Städte.

Aber lassen wir die Zivilisationskritik. Sie haben schon gemerkt, dass ich dem Freizeitmodell »Hütte« eher skeptisch gegenüberstehe. Aber das muss jeder selbst entscheiden. Oder vielleicht gehören Sie ja zu den Glücklichen, deren Ferienimmobilie seit Jahrzehnten Familieneigentum ist, mit Grundbucheintrag und Steuerpflicht und allem, was dazu gehört. Dafür ist man als Mieter nicht festgelegt und hat die Hütte eben so lange, wie sie zur Familiensituation und zum Budget passt.

Die Kosten werden auf jeden Fall erheblicher sein, als Sie denken, da will ich Ihnen gleich alle Illusionen nehmen. Selbst wenn man nicht an einen kreativen Vermieter gerät, der Kurtaxe für jeden Tag Anwesenheit (schließlich sei die Hütte kein offizieller Zweitwohnsitz), Zweitwohnungsteuer (wenn sie doch diesen Status hat), Schneeräumung, Grubenentleerung, Kanalgebühr (am besten beides) oder Wegebauumlage abrechnet. Die großzügigen Vermieter legen nur die Rechnung des Schornsteinfegers auf den Esstisch, lesen den Strom ab und kassieren und liefern einmal im Jahr Holz. Die Holzpreise im Zillertal? Münchner Großstadt-Niveau. Holzqualität: jenes morsche und brüchige Zeug, das der Waldbauer selbst verfeuert, weil er die bessere Ware verkaufen will – und heutzutage auch gut kann.

Brennholz ist zu einem begehrten Gut geworden. Wobei wir hier von Weichholz sprechen, von Fichte und Tanne und vielleicht von ein paar schnell wachsenden Eschenprügeln. Feines Buchenholz wächst in den Alpen selten: Das ist ideales Brennmaterial und erzielt ofenfertig gespalten Preise von mehr als hundert Euro pro Ster (= Kubikmeter), vielleicht auch pro Schüttraummeter. Worin der Unterschied besteht? Der Ster ist gestapelt; schüttet man das Holz in ein kubikmetergroßes Gefäß, entsteht das andere Maß. Passt natürlich viel weniger rein: Der Umrechnungsfaktor ist etwa 0,7.

Aber egal, wie der Vermieter sein Holz letztlich abrechnet: Er wird es meist großzügig zu seinem Vorteil tun (wenn nicht, dann ist das Holz aber auch von einer Qualität, die von *Ihrer* Seite Großzügigkeit verlangt) – und er wird es einfach vor die Hütte schütten. Auf Wunsch auch ungespalten. Damit der Mieter es nicht nur zur Holzlege tragen und aufstapeln kann, sondern auch hacken. Das ist eine psychohygienisch gewiss wertvolle Tätigkeit, bei der man gezielt (manchmal auch reichlich ungezielt) Aggressionen auf unliebsame Zeitgenossen projizieren und mit einem Schlag loswerden kann. Und so kommt auch keine Langeweile auf. Obwohl das bei einer Hütte eigentlich nie die Gefahr ist, denn es gibt ja immer etwas zu richten, zu räumen, zu reparieren.

Nur sehr dickfellige Menschen schaffen es, in ihren Freizeitdomizilen nichts, aber auch gar nichts selbst zu machen. Die kann ich nur bewundern. Egal, wo ich gerade bin: Ich überlege, ob man die Steckdosen nicht an eine bessere Stelle verlegen könnte oder ob die Schranktüren auch wirklich senkrecht fluchtend schließen. Und ich komme immer dann, wenn Glühbirnen versagen, die sich nur mit mehrstündiger Bastelei auswechseln lassen, wenn Spülmaschinen an Flatulenz erkranken oder Türklinken wackeln. Die könnten sich ja lösen, fürchte ich dann, außen runterfallen und mich in einer Art Zwangserholung einsperren. Also fange ich zu schrauben und zu tüfteln an. Streichhölzer und Zahnstocher können alte Bohrlöcher nicht wieder passend machen, jedenfalls nicht auf Dauer. Aber manche Provisorien halten ja bekanntlich ewig. Andere sorgen dafür, dass das nächste Wochenende auf der Hütte nicht nur erholsam wird …

Manches Hüttenleben hat auch jeden Sommer Zwangspause, weil die Hütte dann als Alm dient und der Senn einzieht. Man kann sich aber dran gewöhnen, an das Ein- und Ausräumen der eigenen Sachen zweimal im Jahr.

Der Preis der eigenen Hütte ist also in jedem Fall hoch, finanziell wie vom Zeitaufwand her. Dafür gehört man aber einer feinen Kaste an: den Menschen, die mit gutem Recht einen raumreichen Kürbislaster (vulgo: *Van*), einen Geländewagen (vulgo: *SUV*) oder zumindest einen Allrad-Kombi fahren dürfen, die Schneeketten griffbereit im Kofferraum, und jederzeit die Schrecken des Alltag hinter sich lassen können, um in die ruhigere, bessere Welt der Berge zu entschwinden.

Sonderfahrten: Vom Wesen der Personalgondel

Erinnern Sie sich an die guten alten, ruckelnden Schlepp-lifte, die bisweilen auch Profis abwarfen? Beim Start hau-ten sie einem erst mal deftig den Anker-Bügel ins Kreuz, weil das Seil zuerst ungebremst bis zum Ende auslief und der Bügel dann buchstäblich mit einem Schlag Fahrt auf-nahm. Skischulkinder liebten das! Die zitterten über die eisige, bucklige Spur und versuchten, irgendwie im Bügel zu bleiben, wenn sie in steilen Stücken immer wieder kurz in die Luft gelupft wurden. Ging damit noch eine scharfe Richtungsänderung einher, warf der Bügel die zu leichte Fracht meist ab, und sie sauste wieder talwärts, auf und neben der Liftspur, in einem wirbelnden Durcheinander von Gliedmaßen, Ski, Stöcken, Mützen.
Aber das gehörte zur schwarzen Ski-Pädagogik des 20. Jahr-hunderts: Skifahren hieß da noch nicht »Schneesport«, die Winter waren kalt und schneereich und gewalzte Pisten eine Utopie.

Nur wenige der alten Lifte mit ihren qualmenden und puffenden Dieselmotoren haben überlebt. Kaum ein Bauer kann es sich leisten, so eine kleine Anlage für Touristen zu betreiben, wie das sein Vater und Großvater gemacht haben, die im Sommer Holz, Heu oder Milch mit dem Lift transportierten. Eine Zehnerkarte kostete in meiner Jugend zwei oder drei Mark und wurde bei jeder Fahrt eingerissen – oder auch nicht, wenn dem Stammgast oder dem netten Jung-Toni-Sailer einmal eine Freude gemacht werden sollte.

Gelb waren die Karten für Kinder und blau die für Erwachsene, und halb so groß wie eine Postkarte, so erinnere ich mich. Aus Papier, sonst hätte man sie ja nicht einreißen können; bei Schneetreiben oder gar Schneeregen waren sie nicht besonders haltbar. Da herrschte dann aber so wenig Betrieb, dass der Liftmann (Frauen gab es damals noch nicht in solchen Funktionen, da bin ich mir sicher) uns anbot, die Karten doch bei ihm in der Bude zu lassen. Das war eine Win-win-Situation, auch wenn man diesen Begriff in den Sechzigern noch nicht kannte: Wir mussten nicht die Wollfäustlinge ausziehen, um den eingefrorenen Metallreißverschluss des Baumwollanoraks aufzunesteln, und er musste nicht bei jeder Fahrt seine warme Hütte verlassen.

In den Anfangsjahren meiner Skifahrkarriere, bis etwa 1962, lief der Lift nur bei Bedarf. Um genau zu sein, lief zwar der laut tackende Dieselmotor ständig, nicht aber das Drahtseil mit den Griffen zum Festhalten. Das waren gerade, durch das Seil gesteckte Rundstäbe, sechs an der Zahl, die nach Größe der Skifahrer belegt werden mussten: Vorne fuhren die Erwachsenen, das sorgte für einen gleichmäßigeren Seilverlauf. Waren gerade keine Großen da, mussten wir Kinder eben warten. Wir wurden sonst zu leicht »ausgehoben« – spätestens am ersten Steilstück. Wobei der Lift insgesamt nur 210 Meter lang war, bei 25 Meter Höhenunterschied. Ob es damals schon TÜV-Prüfungen gab? Allzu streng konnten die Regeln jedenfalls nicht gewesen sein, denn bei großem sonntäglichen Andrang durfte sich ein guter Nachwuchsskifahrer schon mal als siebter Mann hinten dranhängen, dort, wo eigentlich kein Griff mehr im Seil war, sondern nur ein Knoten. Aber die Wollfäustlinge froren ohnehin sofort am dicken Eisenseil fest, da war das Loslassen schwieriger als das Festhalten. Eine kleine Mutprobe war es allemal. Später wurde die Sechserreihe durch eine Endlosfolge von Bügeln ersetzt. Die klemmten sich coole (hieß damals noch nicht so, klar) Könner lässig hinter den Rücken und schauten verächtlich auf die Kameraden herab, die sich buchstäblich die Arme lang ziehen ließen. Aber auch im Frühjahr ließ mich der Skilift nicht los. Vor dem Lifthäuschen klaubte ich silberne Münzen, die in den Schnee gefallen waren, aus dem Gras und den Mauselöchern – zur Refinanzierung des winterlichen Vergnügens.

Aber blicken wir ruhig noch weiter zurück. Seile und Lianen überquerten schon in grauer Vergangenheit Schluchten und Täler. Der Brockhaus verweist auf Ostasien, Neuguinea oder Peru. Dort gibt es so etwas immer noch: Drahtseile über den Fluss, auf denen die Kinder in die Schule sausen, bergab, der Schwerkraft folgend. Die nächste Entwicklungsstufe war wohl eine Art Korb, der am Seil hing und mit zwei Zugschnüren hin- und herbewegt wurde. Solche Konstruktionen gab es in Europa seit dem 15. Jahrhundert. Viele ältere Gondelbahnen mit zwei Kabinen funktionieren noch heute so; moderner sind Umlauf-

bahnen, die kontinuierliches Einsteigen ohne lange War-
tezeiten ermöglichen. Dazu werden die Kabinen oder
Sessel in der Station vom Seil gelöst, sodass sie nur ganz
langsam fahren. Auch so finden die Passagiere aber noch
genug Anlass zum Drängeln, Streiten und Stolpern: Voll-
besetzung kann selbst bei höchstem Hochbetrieb nur
erreicht werden, wenn ein energischer Seilbahnmitarbei-
ter Familien und Freundescliquen trennt und auch Dicke
in die vorgesehene Sitzbreite zwingt (oder jene Style-
sicheren Sportler, die stets mit Airbag-Rucksack unterwegs
sind, ganz unabhängig davon, welche Lawinenwarnstufe
gerade gilt).

Glücklich, wer eine Sonderfahrt erwischt. Etwa die
»Personalgondel« am frühen Morgen, in der manchmal
auch Gäste mitfahren dürfen. Seltsamerweise stehen die
dann oft in mürrischem Schweigen da – dabei dürfen sie
sich doch auf die ersten Linien im unberührten Schnee
freuen, während die Sonne langsam über den kälteklirren-
den Zacken und Gipfeln emporsteigt und das Weiß erst
orange, dann rosa und schließlich bläulich funkeln lässt. Bei
vielen Seilbahnen ist die Personalgondel aber tatsächlich
nur fürs Personal – da bleibt dann nur die erste reguläre
Gondel. Auch die fährt aber manchmal schon um 7.30 Uhr
(Hochzillertal in Kaltenbach) oder gar schon um 6.55 Uhr
(Zillertal Arena in Gerlos und Zell am Ziller – aber nur im
März!). Solche *Early Birds* sind in Mode, denn sie entspan-
nen den Hochsaisontrubel.

Und dann gibt es noch ganz andere Sonderfahrten, die
es aber nicht gibt, weil es sie nicht geben darf. Denn kein
Hüttenwirt fährt mit seiner Materialseilbahn. Und schon
gar nicht würde er einen Gast zu so einer Passage einladen.
Schließlich ist die sargähnliche Holzkiste, zwischen deren

Bodenbrettern man mit leisem Grusel den Talboden Hunderte Meter tiefer sehen könnte, nur für Material zugelassen. Und dass die Holzbretter an Kopf- und Fußende wie Sitze aussehen, dürfte allenfalls Faulpelze zu Fahrgedanken anregen. Gurte gibt es ja auch keine. Sie sehen, das ist etwas für Eingeweihte ... in Sachen Transportphantasien.

Als Seilbahn mit der größten Kabine gilt der Vanoise Express über das Vallée du Panthurin, der die Skigebiete La Plagne und Les Arcs verbindet. Bei einer Fahrt können hier 200 Skifahrer transportiert werden – in zwei Etagen! Business Class wie im Flugzeug ist die obere Etage aber nicht. Zweistöckige Kabinen gibt es übrigens schon länger: Seit 1996 führt in Samnaun eine solche zum Alp-Trida-Sattel hinauf, und zwar für 180 Passagiere.

Rekorde gibt es zuhauf im Seilbahnwesen – oder im internationalen Skibusiness. Die Sitzheizung, die einmal eine Sensation war, ist mittlerweile in Skigebieten, die auf sich halten, sogar Standard. Verfrorene Skifahrer lieben sie, auch wenn die Heizwirkung nicht lange anhält – die Elektrik im Sessel kann ja nur kurz bei der Stationsdurchfahrt mit Strom versorgt werden, mit 48 Volt und 520 Watt pro Sitz. Konstrukteur Doppelmayr hat an den Klimawandel gedacht: Bei Außentemperaturen über zehn Grad schalten sich die Heizdrähte aus.

Seilbahnen können als Kulturgut betrachtet werden, das beweist zum Beispiel das Seilbahninventar des Schweizer Bundesamtes für Kultur: Von den rund 3000 Schweizer Seilbahnen verzeichnet es 111 als kulturhistorisch oder technisch bedeutsam, achtzehn neue Anlagen werden als besonders innovativ gewürdigt. Zur ersten Gruppe gehören Raritäten wie der kurvengängige Zweiseillift oberhalb von Sigriswil am Thuner See, ungünstig am Südhang gelegen und daher keines der Premium-Skigebiete der Schweiz, oder der Sessellift am Haldigrat, dessen kauziger Betreiber Kurt mittlerweile einige Berühmtheit genießt, und zwar als Star des Films »Kurt und der Sessellift«. Sein *Resort* liegt zwischen Vierwaldstätter See und Engelberg und so abseits vom Verkehr, dass man verstehen kann, dass diese Preziose alpinen Schaffens weithin unbeachtet blieb.

Auch die Gelmerbahn am Grimselpass ist ein Juwel, eine Antiquität, die viele Leser wohl kaum spontan als »Seilbahn« klassifizieren würden. Denn sie fährt, von einem Seil gezogen, auf Schienen, ist also eine »Standseilbahn«, auch »Schrägaufzug« genannt. Meist hat eine solche Bahn zwei Zuggarnituren, die sich in der Mitte auf einer Ausweiche begegnen. Das ist immer ein wenig aufregend, wenn die beiden Kabinen einander vor dem Ausweichen auf derselben Schiene entgegenruckeln. Bei der Gelmerbahn ist es doppelt so aufregend, ist sie doch die steilste Standseilbahn Europas (den Weltrekord hält eine Bahn in Australien). Die Schienen haben eine Neigung von bis zu 106 Prozent. Bei der Talfahrt in der ersten Reihe der offenen Waggons hat man das Gefühl, nach vorne zu kippen, und muss sich heftig an den Gedanken klammern, dass der Waggon, den man in diesem Moment als schwebend empfindet, von einem Seil sicher gehalten wird.

Da kann man die Angst genießen – jenen Instinkt, der in letzter Zeit eine überraschende Reputation gewonnen hat (etwas durch Bücher von Extremsportlern wie Alexander Huber), weil er vor Gefahren warnt. Die individuelle Angst nützt aber bei Großunfällen wenig. Und solche gibt es immer wieder, obwohl Seilbahnen statistisch gesehen ein eher geringes Unfallrisiko haben. Beim Brand der Gletscherbahn in Kaprun, am 11. November 2000, starben

155 Menschen. Nur zwölf Passagiere konnten sich retten – sie schlugen die Fenster ein, da sich die Türen nicht öffnen ließen, kletterten aus dem Waggon und rannten talwärts, dem Feuerherd entgegen. So entkamen sie den giftigen Gasen, die durch den Kamineffekt bergwärts gezogen wurden. Der Prozess klärte zwar, was das Unglück verursacht hatte – ein unsachgemäß eingesetzter Heizlüfter in der Fahrerkabine –, mochte aber niemanden dafür persönlich haftbar machen. Die Angehörigen der Opfer erhielten eine freiwillige Entschädigungszahlung aus einem Fonds, in den die Gletscherbahnen Kaprun, die Versicherung Generali und die Republik Österreich insgesamt 13,9 Millionen Euro eingezahlt hatten.

Ob sich Seminarübungen der Juristen oder Maschinenbauer auch mit Seilbahnunglücken beschäftigen? Ich kann es mir kaum vorstellen, denn die Auslöser sind meist so unwahrscheinlich und bizarr oder stellen eine derartige Verkettung von Ursachen dar, dass menschliche Phantasie dafür kaum auszureichen scheint. Im September 2005 verlor ein Hubschrauber im Ötztal einen Betonkübel, der auf Seil und Gondel stürzte. Mehr als einmal übersahen Kampfjet-Piloten im Tiefflug ein Seil und durchtrennten es glatt: einmal 1961 an der Aiguille du Midi, dann 1972 am Pordoijoch und im Februar 1998 bei Cavalese. 2011 rauschte ein Gleitschirmflieger in die Seile der Tegelbergbahn. Nach dem folgenden Zwangsstopp wurden die dreißig Passagiere der einen Gondel aus fünfzig Meter Höhe abgeseilt, die zwanzig Insassen der zweiten mussten bis zum nächsten Morgen in der Höhe ausharren, dann wurden sie mit dem Hubschrauber gerettet. Zum Glück war es eine warme Augustnacht.

Wasser: Auf Leben und Tod

Es geht noch ein wenig weiter mit großen Katastrophen. Die Alpen sind nun mal nicht freundlich und gütig, sondern streng und oft unfreundlich. Zwei schreckliche Ereignisse sind mit diesen Bergen verbunden: die Zerstörung Longarones durch den See Vajont, eine Art alpiner Tsunami, und die Lawine von Galtür. Einmal war der Mensch schuld, das andere Mal die Natur.

Das Dorf Galtür befindet sich oberhalb des Party-Spots Ischgl im Paznauntal, am Anfang der Silvretta-Hochalpenstraße, im Winter also fast am Ende der Welt. Die Winter sind hier, auf 1600 Metern, streng und lang, Schnee gehört das halbe Jahr über ebenso zum Alltag wie vorübergehende Straßensperrungen und Lawinen: Die gehen normalerweise in ihren von alters her bekannten Bahnen zu Tal. Jede hat ihren Namen. Da gibt es die Wasserlatera, die Weiß Rifi und die Groaßtaleri.

Der Hausberg von Galtür, die Gorfenspitze, 2558 Meter hoch, trägt ein dichtes Baumkleid. Dieser sorgsam gehegte

Schutzwald verhindert, dass die Lawinen das Dorf erreichen. Meistens jedenfalls. Im Jahr 1999 aber war alles ganz anders. Da schneite es ab dem 20. Januar und fast den ganzen Februar hindurch, etwa sechsmal so viel wie in anderen Jahren: insgesamt mehr als vier Meter. Und das bei großer Kälte und starkem Wind. So bauten sich immer höhere Schneepakete auf, die zu Zeitbomben wurden.

Für uns Urlauber der Faschingstage war der viele Schnee ein Segen. Und dass die Bundesstraße durchs Paznaun seit Tagen gesperrt war und nur am Samstag zum Bettenwechsel kurz geöffnet wurde, sorgte uns nicht weiter. Als Galtür-Stammgäste lebten wir gerne damit, nach dem Motto: Lieber einmal zu oft gesperrt als auch nur ein Auto unter einer Lawine. Denn wir wussten, dass die Straße einige Lawinenstriche kreuzte, also Kare und Rinnen, auf denen immer wieder Lawinen zu Tal kamen – als natürliche Entladung der Überfülle. Die gewaltigen Schneeschluchten waren mit Radladern durchstochen worden, um die Zufahrt nach Ischgl und Galtür zu ermöglichen. Dies war auch eine wirtschaftliche Notwendigkeit, um den Bergdörfern die Tourismuseinnahmen der wohl wichtigsten Woche des gesamten Winters zu sichern.

Am Samstag hatten wir meiner Erinnerung nach ein paar Stunden Sonne gehabt, dann fing es wieder an zu schneien. Manche Lifte waren zeitweise gesperrt, Fahrten im Gelände tabu – aber wir hatten unseren Spaß. Die Kinder gruben Höhlen in der riesigen Wechte hinter dem uralten Bauernhaus, in dem wir wohnten und das schon so viele Winter hatte kommen und gehen sehen. Wie extrem das Jahr war, konnte man hier deutlich erkennen: Noch nie hatten wir diesen windgeformten Schneewall so hoch und so weit auskragend erlebt.

Am Dienstag aber war es vorbei mit den lustigen Spielen. Etwas war anders. Das Auto trug einen härteren Schneepanzer als sonst, der Himmel war grau-grün, und die Luft roch nicht so wie an den Tagen zuvor.

Ich blieb nur kurz draußen im beißenden Wind, dann erkannte ich das fremde Gefühl in mir: Panik. Oder Angst. Und zwar jene, die einen schützt. »Nichts wie raus hier!«, befahl ich meiner verwunderten Familie, und nach schnellem Einpacken brausten wir heim. Kurz hinter uns senkten sich die Lawinenschranken – und blieben unten.

Die Katastrophe kam genau eine Woche später über das Dorf, am Dienstag, den 23. Februar. An Skifahren war seit Tagen nicht mehr zu denken gewesen, und selbst im Dorf waren die meisten Wege aus Sicherheitsgründen gesperrt. Am Dorfplatz war ein kleines Gaudirennen veranstaltet worden, um die gefangenen Urlauber ein wenig aufzumuntern. Als sie auf dem Heimweg waren, gegen 16 Uhr, lösten sich 1100 Meter höher gleichzeitig drei riesige Staublawinen und donnerten auf das Dorf hinab. 400 Meter breit rasten die Lawinen mit 200 Stundenkilometern zu Tale. Sie trafen Urlauber wie Einheimische gleichermaßen, begruben sie unter sich oder erstickten sie in schneegefüllten Stuben. Elf Häuser wurden verschüttet und teils zerstört, weitere siebzehn beschädigt. Mit Hilfe von außen war bei Sturm und Finsternis nicht zu rechnen. Doch es gelang, 22 Verschüttete lebend zu bergen. Am nächsten Morgen kamen die ersten Rettungshubschrauber, aber erst vier Tage nach dem Unglück wurde das letzte der insgesamt 31 Opfer geborgen.

Die Verletzten und die überlebenden Urlauber waren in einer riesigen internationalen Hilfsaktion ausgeflogen worden. Da saßen wir längst sicher zu Hause, verfolgten die

Diskussion in den Medien und dachten an unsere Gastgeber. Deren Pension ist ein viele hundert Jahre altes Walserhaus, von einem Urahn genau dort erbaut, wo keine Lawine zu erwarten ist. Diesmal kam die Katastrophe von der anderen Talseite und verfehlte das Haus nur um ein paar Meter. Die Wucht des Luftdrucks ließ das Fachwerk erzittern, aber es hielt.

Fast alle Häuser wurden im Laufe des folgenden Sommers wieder errichtet, einige Grundstücke blieben unbebaut. Gleichzeitig entstand ein Lawinenwall, der als neues Dorfzentrum genutzt wird, mit Erlebnismuseum (»Alpinarium«), Café, Kletterwand, Parkhaus und Einsatzzentrale für Bergwacht und Feuerwehr. Am Grieskogel oben, von wo die Lawinen gekommen waren, wurden kilometerweise Lawinenverbauungen aufgestellt. Wo seit Jahrhunderten kahle Hänge die weiße Gefahr ins Dorf spien, sollen aus Anpflanzungen Bannwälder entstehen. Von der Unglückslawine ist nichts mehr zu sehen.

In Lavarone ist das anders. Dort, in den Dolomitentälern zwischen Cortina und Belluno, ist die Verwüstung noch präsent, die der »fliegende See« anrichtete. Dieser Begriff, Titel eines Buchs von Marco Paolini und Gabriele Vacis, bringt das Unglück auf den Punkt: In einem engen Seitental wird ein gigantisch hoher Damm gebaut und noch höher aufgestaut als zuerst geplant. Der See unterspült die umliegenden Berge und macht sie labil. Kleinere und größere Erdrutsche begleiten den Aufstau. Dennoch verschließen die Verantwortlichen die Augen vor der Unruhe der Bevölkerung – und der Erde. Und der Damm? Nein, er bricht nicht, so wie kurz zuvor die Barrage de Malpasset bei Fréjus in Frankreich; er steht noch heute. Die Staumauer bleibt als einziges Menschenwerk erhalten, als ein unvorstellbar großer Erdrutsch den See buchstäblich über sie hinausspringen lässt, hinunter ins Flusstal der Piave, wo genau gegenüber die Stadt Longarone steht. Oder stand. Denn nach diesem 9. Oktober 1963 ist von ihr fast nichts mehr übrig.

Das Unglück hat ein so gigantisches Ausmaß, dass man eigentlich hinfahren muss und sich den Ort ansehen, um es wenigstens einigermaßen zu begreifen. Noch fünfzig Jahre später bilden die 260 Millionen Kubikmeter Gestein des Erdrutschs eine Wüstenei aus Kies, viel höher als der geplante Wasserspiegel des Sees. 300 Meter dick war die Erdschicht, die sich – mit Wiesen, Bäumen, Häusern, Menschen und Kühen darauf – vom kompakten Fels losriss, in Sekunden auf hundert Stundenkilometer beschleunigte und wie ein Auto bei Aquaplaning in den See raste. Fünfzig Millionen Kubikmeter Wasser ließ der Erdrutsch überschwappen. Rein rechnerisch wäre das eine Wasserkugel von 450 Meter Durchmesser. Das Wasser schoss nach Augenzeugenberichten wie ein Atompilz in die Höhe, brandete an die gegenüberliegende Talseite und teilte sich. Eine Hälfte zerstörte die Dörfer oben im Tal, die andere sprang über den Damm, auf Longarone zu. Vier Minuten hatten die Bewohner Zeit, ihr Leben zu retten. Einigen gelang es. Die anderen wurden entweder von der Druckwalze atomisiert oder von der Flutwelle zerrissen. Die schwappte noch zwei Kilometer flussaufwärts, dann rasten die Wassermassen dem Meer entgegen, sechzig Kilometer weiter noch immer zwölf Meter hoch.

Den Damm sieht man vom kleinen Museum des wiederaufgebauten Longarone aus. Eigenartig: eine kleine Dolomitenstadt, die fast nur aus Neubauten besteht. Und immer hat man den Damm im Blick. Aus dem nun wieder Strom fließen soll: Ein halbes Jahrhundert nach dem Unglück haben sich die Gemeinden auf den Neubau eines Kraftwerks verständigt, das mit zwei (statt der in den Fünfzigern geplanten neunzig) Gigawatt Leistung übers Jahr etwa fünfzehn Millionen Kilowattstunden erzeugen soll.

Strom aus Wasser ist eigentlich eine feine Sache: Jeder Bach bringt die Energie mit, dadurch ist sie sauber, weil emissionslos, und fast jederzeit verfügbar. Ich will nicht in die große Energiedebatte einsteigen, dafür bräuchte man ein eigenes Buch. Ich weiß auch nicht, ob Kleinkraftwerke an Flussläufen wirtschaftlich und energietechnisch sinnvoll sind, wie »grün« der Ökostrom aus Wasserkraft tatsächlich ist. An die großen Stauseen der Alpen – Silvretta, Schlegeisspeicher, Forggensee, Gepatschspeicher, Sihlsee, Grimselsee, Livignosee, Reschensee oder Lac de Tignes – haben wir uns gewöhnt, aber wir denken nicht unbedingt daran, dass dafür Täler geflutet, Wanderwege überschwemmt, Dörfer verlassen werden mussten. Allenfalls der Kirchturm von Graun am Reschen ruft es uns in Erinnerung – und der ist nun surreal malerisch. Dieses Thema werden wir hier nicht erschöpfend behandeln können.

Gehen wir lieber erst mal ins Wasser, am besten in ein Thermalbad. Nach dem Skifahren ist das wunderbar, so eine heiße Quelle, in der man die Muskeln lockern kann. Nach einem Tag am Berg oder am Klettersteig natürlich auch. So kann man etwa in Leukerbad aus dem großen Freibecken hinaufschauen auf die gewaltige Schweizer Fahne, die an den hoch aufragenden Fels des Daubenhorns gepinselt ist, neben der Leiter, auf der man kurz vorher noch geschwitzt hat. Der längste Klettersteig der Schweiz führt da hinauf, über tausend Höhenmeter bis auf fast 3000 Meter. Man braucht dafür acht Stunden, und danach hat man sich das wohlig warme Kontrastprogramm in »Europas grösstem Alpin-Thermalbad« (so die Werbung) wohlverdient.

Thermen werben mit ihrer Größe – der Zahl der Becken, den Sauna-Quadratmetern – und mit dem Namen ihres Architekten. So hat etwa in Meran Matteo Thun die Therme entworfen, in Bad Gastein Ludwig Kofler und in Vals – ganz besonders spektakulär – Peter Zumthor. Vals liegt weit hinten in den Graubündner Bergen, dort wo der deutsche, italienische und rätoromanische Sprachraum zusammenstoßen. Man kennt den Ort wegen seines Mineralwassers, das in der ganzen Schweiz auf dem Tisch steht. Oder eben wegen der Felsentherme: Diese Katakomben, aus dunklen Steinen geschichtet und vom Nebel des warmen Quellwassers durchwabert, wirken wie ein Gruß aus einer fernen Galaxie, deren Bewohner andere, klarere Vorstellungen von Architektur haben.

Als Peter Zumthor das Bad in den Neunzigerjahren entwarf, schwebten ihm gewaltige Monolithe aus dem graugrünen Quarzit des Tals vor, mit Nischen und Höhlungen für die Becken. Doch diese Idee sprengte das Menschenmögliche: So große Blöcke sind nicht transportabel. Also ließ Zumthor die »Monolithe« aus dünnen Steinplatten schichten. Der Eindruck ist faszinierend. Kein Wunder, dass die Therme schon zwei Jahre nach der Eröffnung als »Lektion in Mut und Ästhetik« unter Denkmalschutz gestellt wurde. Der Besucher dieses ganz eigenartigen Bauwerks staunt immer wieder aufs Neue, manche Räume erschließen sich nur den Mutigen, die in einen Tunnel hineinschwimmen, andere bleiben buchstäblich im Dunkeln.

Genau das wünschte ich mir in einer anderen Therme herbei: gnädiges Dunkel, das mich der Rolle des Voyeurs enthoben hätte. Es war im *Aqua Dome* im Tiroler Ötztal, einer großzügigen Anlage aus gewaltigen, dampfenden Schalen im Freien und einer Fülle von Wellness-Oasen im Innern. Dort fand ich ein, ich zitiere wieder einmal die Website, »sinnliches Wechselspiel der Elemente« – und fragte mich, ob die jungen Paare, die es sich im warmen Wasser offensichtlich gut gehen ließen, wirklich kein Hotelbett hatten.

Seen sind mir da eindeutig lieber. Herrlich das Schwimmen nach einer Tour: Erhitzt und verschwitzt tastet man sich vorsichtig in das Wasser, das einem anfangs eiskalt vorkommt. Langsam eintauchen, ein paar vorsichtige, dann kräftige Züge, raus aus dem Schilfgürtel – bis man über den nahen Hügeln allmählich ein paar Bergspitzen sieht und schließlich auch, ganz weit oben, jenen Gipfel, auf dem man noch vor wenigen Stunden stand und auf den See hinunterschaute. Ich denke an die vielen Seen im Füssener Land, mit Aussicht auf meinen Hausberg Hohenstraußberg, auf Säuling, Köllespitze oder Aggenstein (um nur die schönsten zu nennen). Natürlich ist auch der Chiemsee ein Traum, von dem aus man die Kampenwand im Blick hat. Im Bodensee schwimme ich ebenfalls gerne, auf den lockenden Säntis zu. Ganz besonders verführerisch ist der Staffelsee mit seinem weichen, leicht moorigen Wasser und dem Ausrufezeichen des Ettaler Manndls am Horizont. Oder die Seen im Salzkammergut, wo die Felswände bis fast ans Wasser reichen: Mondsee, Attersee und – idyllisch ganz ohne Straße im Grün gelegen – der Altausseer See. Lässt einen wieder jung aussehen, nach der Kletterei an der Trisslwand.

Besonders nachdrücklich blieb mir ein Erlebnis in der Schweiz in Erinnerung, ein Geheimtipp nach einer angenehm wilden Tour am Sigriswiler Grat über dem Thuner See. Von der Spitziflue, 1657 Meter, blickt man auf die ebenmäßige Pyramide des Niesen am anderen Ufer und auf die hohen weißen Gipfel der Berner Alpen am Horizont. Wie sagt das Gipfelbuch? »Nur die Ruhe ist die Quelle jeder großen Kraft.« Nach dieser grandiosen Aussichtstour ging es nicht etwa in den See, sondern in die Aare, die aus dem Thuner See nach Bern fließt. Wer bei Uttingen an der Eisenbahnbrücke den richtigen Einstieg findet, kann sich wie ein Korken fast einen Kilometer lang genüsslich treiben lassen, und zwar ziemlich rasant! Der Ausstieg ist vor der Kurve links im Kehrwasser. Wer ihn verpasst – nun ja, Bern ist auch eine schöne Stadt!

Ein Seitenfluss der Aare ist die Weisse Lütschine. Sie durchfließt das Lauterbrunnental, das Tal der lauteren (reinen) Brunnen. Es soll J. R. R. Tolkien als Vorbild für den Elbenort Bruchtal im »Herrn der Ringe« gedient haben. Im Lauterbrunnental ist das Wasser allgegenwärtig. Unter den 72 Wasserfällen im Tal ist der höchste Einzelfall der Schweiz, der Mürrenbachfall mit 417 Meter Höhe. Er ist touristisch besonders wertvoll, da gut von der Seilbahn nach Mürren aus zu sehen.

Auch die Krimmler Wasserfälle im Pinzgau im Salzburger Land sind gut erschlossen, mit Busparkplätzen, einer Ausstellung und behindertengerechten Wegen – schließlich gehören die Wasserfälle zu den »Top 20«-Sehenswürdigkeiten Österreichs. 350 000 Besucher kommen jedes Jahr. Die Wasserfälle können sie von zehn Aussichtskanzeln aus bestaunen: ein gewaltiges Schauspiel, vor allem im Frühsommer, wenn sehr viel Wasser vom Berg kommt. Allein der Anblick einer solchen Naturgewalt habe positiven Einfluss auf Körper und Seele, verspricht die Besucherinformation des Nationalparks. Die ionenreiche Luft sei gut für die Atemwege, reinige die Lungen und vergrößere das Atmungsvolumen schon bei einem halbstündigen Aufenthalt. Viel mehr Zeit werden die Bustouristen wohl auch kaum zur Verfügung haben.

Dabei ist der Weg, der an den Fällen entlang hinaufführt, wirklich toll! Und zwar zu jeder Jahreszeit. Je höher man kommt, desto weniger Trubel gibt es. Ganz allein wird man an dieser Top-Sehenswürdigkeit zwar kaum je sein, aber das Durchhalten ist es wert! Nicht nur des größeren Lungenvolumens wegen.

Das wiederum wäre am Lehner Wasserfall im Ötztal nützlich: Den kann man nämlich ersteigen. Man muss dafür auch kein besonders versierter Kletterer sein, wie bei den kühnen Routen im Lauterbrunnental, sondern nur ein routinierter Klettersteiggeher.

Wege: Gebete & Verhauer

Bergwege sind Mittel zum Zweck. Wer behauptet, der Weg sei das Ziel, hat sich entweder verlaufen, ist so spät aufgestanden, dass er den Gipfel vergessen kann, ist ein Heuchler oder einfach nur ein Spaziergänger. Nichts gegen Spätaufsteher oder Spaziergänger – aber doch nicht am Berg! Denn Bergsteigen ohne Ziel, das ist wie, sagen wir, eine kirchliche Trauung zwischen zwei Atheisten. Als Bergsteiger muss man wissen, wo man hinwill, muss man wissen, wo oben ist.

Die Wege in den Alpen verlaufen nicht nur kreuz und quer oder auf und ab, sondern auch senkrecht und waagrecht. Und in letzter Zeit gilt offenbar: je senkrechter, desto besser. Ich denke da an die Klettersteige, die sich in den Alpen so rasant verbreiten wie Glasfaserkabel in unseren Großstädten. Ein Klettersteig führt Wanderer in die senkrechte Felswelt der Kletterer, ohne dass sie dafür klettern können müssen. In der Felswand angebrachte Leitern, Eisenkrampen und -stifte helfen, schwierige Passagen zu überwinden. Das klingt ganz einfach, ist es in der Theorie auch. Zumindest für Menschen, die keine Höhenangst haben und sich auch an furchterregenden Stellen motivieren können, weiterzugehen. Solche Stellen gehören nämlich dazu: Die Klettersteige von heute sind darauf ausgerichtet, Erlebnis an sich zu sein. Dosierter Schrecken sozusagen, familienkompatibel und für jedermann machbar. Fast wie Bungee-Jumping oder Karussellfahren.

Aber ganz so einfach ist es nicht. Wer nie am Berg unterwegs war, wer kein Gespür dafür hat, wie man den Fuß richtig platziert, um nicht abzurutschen, der wird sich schwertun. Wer dagegen schon Klettererfahrung hat, wird Klettersteige genießen – wobei »echte« Kletterer sie schon aus Überzeugung meiden. So wie »echte« Skifahrer sich kaum je auf einen Skibob setzen.

Wer einen Klettersteig begeht, braucht dazu nicht einmal ein Seil, da ihn ein fest montiertes Drahtseil begleitet. Alles, was er braucht, ist ein Helm (weil Vorausgehende Steine lostreten könnten), ein Klettergurt um Oberschenkel und Hüfte sowie ein spezielles Verbindungsstück zum Drahtseil, das Klettersteigset. Es besteht aus zwei Seilstücken mit je einem Karabiner am Ende. Die werden ins Drahtseil eingeklinkt und halten den Klettersteigler, sollte er stürzen. Im Falle eines Falles würde ihn ein Dämpfungselement einigermaßen sanft bremsen: entweder eine Metallplatte mit einem Lochsystem, das via Reibung die Sturzenergie vermindert, oder ein Band, das zu einem Plissee-System genäht ist. Es reißt im Falle des Falles auf und bremst so den Sturz. Auch Sicherheitsgurte besitzen ein ähnliches Dämpfungselement.

Damit geht's nun hinauf. Schön die Sicherungskarabiner umklinken, wenn das Drahtseil die nächste Befestigung erreicht, und immer darauf achten, dass beide Karabiner eingehängt sind. Und möglichst nicht ausrutschen! Untersuchungen ergaben zwar, dass die Technik des Klettersteigsets einen normalgewichtigen Bergsteiger meist sicher hält, zeigten aber auch, dass die Bremsung nicht unbedingt sanft verläuft. Gerade die langen Leitern halten eine Vielzahl von Möglichkeiten bereit, dem Stürzenden wehzutun. Also bitte keine Selbstüberschätzung!

Fangen Sie sanft an, etwa mit dem Klettersteig-Lehrpfad Gelbe Wand am Tegelberg bei Füssen oder mit dem Kanzelwand-Klettersteig zwischen Oberstdorf und dem Kleinwalsertal. Danach wird die Auswahl schwierig. Großzügig gezählt gibt es in den deutschen Alpen 119 Klettersteige, alpenweit dürften es inzwischen über 1500 sein. Da hängt die Entscheidung von Können und Vorlieben ab (geht es Ihnen mehr ums Turnen oder ums Panorama?). Irgendeinen Klettersteig findet man eigentlich überall in den Alpen. Im alpenfernen München gibt es sogar zwei. Der eine führt über das Dach des Olympiastadions und ist nur als geführte Tour zu begehen. Der andere ist dreißig Meter hoch, überdacht und ermöglicht einen bequemen Abstieg per Aufzug. Er liegt im Sporthaus Schuster, direkt am Marienplatz. Wer die Technik beherrscht, kann ein Klettersteigset ausleihen und sich auf den Weg machen. Womit wir wieder beim Weg wären.

Der Weg führt von A nach B, sagt man so schön. Gut markiert, im Idealfall. Oder vom Dorf (heutzutage meist vom Parkplatz) zum Gipfel. Eingetreten durch viele Bergschuhe, manchmal auch sorgsam »gebaut«, mit Stufen und Brücken aus Stein. Im Gerlosgebiet kann man die Arbeit solcher professioneller Wegemacher beispielhaft bewundern: Beim Aufstieg zur Zittauer Hütte bilden nicht einfach ein paar Trittsteine eine Art Pfad, sondern die Stufen wirken perfekt in die Natur eingepasst. Sie folgen dabei der normalen menschlichen Schrittweite und erfreuen das Auge. Große Felsplatten am Weg erscheinen als Laune der Natur, sind aber tatsächlich einfühlsam behauen, was einem spätestens dann auffällt, wenn ein Steinquader in perfekt passendem Maß den Bach überspannt. Vor dem Wasserfall macht der Weg eine dramatisch aussichtsreiche Kehre, und die Steinmänner stehen immer genau da, wo der Wanderer im dicken Nebel zweifelt, in welcher Richtung es weitergeht: keiner zu viel, keiner zu wenig und jeder einzelne eine kleine Statue, ein Kunstwerk für sich. Hier waren echte Überzeugungstäter am Werk, und sie haben dabei so etwas wie ein dreidimensionales Musterbuch für alpine Wegebauer angelegt (besonders schön: der Aufstieg zum Rosskopf, 2845 m).

Bisweilen scheint es schwer, einen Weg zu finden, der einfach nur ein Weg ist und nicht ein kleiner Teil eines großen Ganzen. Ich weiß nicht, wie es Ihnen so geht, aber wenn ich auf den Blauschimmelkopf steigen möchte, dann will ich nicht das Gefühl haben, nur ein winziges Stück des Weitkäsewegs erwandert zu haben. Aber vielleicht gehöre ich ja einer aussterbenden Minderheit an, der es nicht wichtig ist, weite Wege zu gehen, und das dann womöglich auch nur stückchenweise? Der normale Wanderer, der gemeine Tourist, muss Themenwege lieben, sonst gäbe es nicht so viele.

Offenbar gehen wir Menschen lieber durch die Natur, wenn wir ein Ziel haben oder wenn uns eine Aufgabe gestellt wird. Es ist wahrscheinlich so ähnlich wie bei den Kreuzwegen: Zwölf Gebete zu sprechen schafft man leichter, wenn man dazu zwölf Bilder, zwölf Geschichten serviert bekommt. Und warum auch nicht: es macht mehr Spaß, dem Leben der Holzknechte auf Schautafeln mit alten Fotos nachzustöbern als durch einen öden Wald zu tappen. Da wird dann doch der Weg zum Ziel. Manche Themenwege strecken sich … bis nach Santiago. Wer dann mal weg ist, folgt einem jahrhundertealten Thema, das immer mehr Tourismusprofis für sich entdecken. Jakobswege gab es im Mittelalter in ganz Europa – schon damals konnte man von jedem Ort ans Ende der Welt laufen. So wie heute. Falls man es nicht vorzieht, erst mal klein anzufangen. Mit zwei Tagen oder drei: vielleicht ein Stück auf dem Maximiliansweg am bayerischen Alpenrand. Oder ein paar Tage auf dem Lechweg. Das ist einer der neuen – pardon – Designerwege, aber einer, der durchaus sinnvoll ist: Er führt von der Quelle dieses wilden Gebirgsflusses durch großartige Landschaften bis nach Füssen. Es geht los in den schroffen Lechtaler und Allgäuer Alpen, dann an den wildromantischen Kiesbänken des mäandernden Lechs entlang, bis zum dramatisch brausenden Lechfall, an dem die Wildheit ein Ende hat. Die Leistung der Wege-Schöpfer lag hier (trotz schöner neuer Pfade und einer tollen Hängebrücke) nicht so sehr im Wegebau, sondern in der Überzeugungsarbeit, mit der sie die Gastwirte und Zimmervermieter im Tal dazu brachten, ihre Betten auch nur für eine Nacht Wanderern zu überlassen, anstatt auf Wochengäste zu warten. Und die Sache läuft gut!

Nächster Schritt könnten dann die Dolomiten sein, etwa einer der Höhenwege oder die Tour von Canazei über Pordoi und Sella zum Rosengarten. Sie beginnt bequem auf 2300 Meter Höhe, zwischen so großen Namen wie Piz Boè, Langkofel, Plattkofel, Antermoia, Vajolettürme, Marmolada. Der Weg führt teils durch eine weißgraue Steinwildnis, gespickt mit Felszähnen, teils über üppige Blumenwiesen voller Alpenmohn und Edelweiß. Auf der Plattkofelalm lassen ein paar hausgroße Felsbrocken mit bauchigen Höhlungen erahnen, dass hier schon zu Ötzis Zeiten Tier und Mensch Unterschlupf fanden. Vor der altertümlichen Almhütte gibt es kühle Milch, eigenen Käse, frische Festtagskrapfen und eine Sonnenterrasse mit Blick auf die Marmolada. Und an der Antermoiahütte mitten im Herzen der Dolomiten gewährt ein verwunschener See ein rasches, kühles Bad.

Sehr schön und aussichtsreich sind auch der Berliner Höhenweg im Angesicht der vergletscherten Dreitausender im Zillertal, der Bärentrek als großartige Durchquerung des Berner Oberlandes, der wilde Sentiero Roma im Bergell oder die Umrundung des Großglockners oder des Mont Blanc, des höchsten Bergs der Alpen (4807 m). Letztere fordert aber stolze elf Tage, also schon einen richtigen Urlaub, führt dafür aber durch drei Länder und über dreizehn Pässe.

Da sind wir schon ganz nah am großen Zauber, der in dem Lockruf »Transalp« mitschwingt. Der »Weg über die Alpen« erfährt seit Jahren einen Boom, der nicht nachzulassen scheint. Egal ob zu Fuß, per Bike, mit Gleitschirm oder auf Tourenski (also ohne Lifthilfe) – irgendeine Alpenüberquerung muss man gemacht haben. Für Wanderer gibt es zwei Klassiker: München–Venedig und Oberstdorf–Meran. Der eine Weg dauert einen guten Monat, der andere eine Woche.

Die kurze Tour ist seit vielen Jahren pauschal buchbar – der Allgäuer Bergführer Udo Zehetleitner hat die Etappen vor bald vierzig Jahren erkundet und sein Know-how inzwischen an seinen Sohn weitergegeben. Aber er ist

längst nicht mehr exklusiv unterwegs, denn viele Berg-
schulen und Wanderreiseveranstalter, vor allem die Oberstdorfer Bergführer, bieten diese tolle Tour an. Aus dem grünen Allgäu über den wilden Alpenhauptkamm bis zu den
Palmengärten Merans zu wandern – das hat schon was!
Und es geht auch ohne Bergschule, zumal die in der Regel
am Wochenende starten. Antizyklisch zu gehen beschert
einem hier weniger volle Hütten. Wobei wir uns nichts
vormachen wollen: In den drei Sommermonaten, in denen
die Tour möglich ist, sind die Hütten an so einer Parade-
strecke immer gut gefüllt.

Für den anderen Klassiker gilt das weniger. Wer von
München nach Venedig läuft, hat auch mehr Zeit und Ge-
duld, kalkuliert mit Schlechtwetter- und Rasttagen und
muss nicht am Montag wieder am Schreibtisch sitzen.
Auch diese Tour hat fast vierzig Jahre Geschichte: 1977 erschien Ludwig Graßlers Buch »Zu Fuss über die Alpen«.
Es löste eine Begeisterung aus, die bis heute anhält; die Be-
wegung hat sogar einen halboffiziellen Jahrestag: den
8. August. Jahr für Jahr treffen sich dann um Punkt acht
Uhr ein paar Dutzend Alpenüberquerer auf dem Münchner Marienplatz; manchmal schickt sie Ludwig Graßler
selbst mit einem kleinen Grußwort auf »seine« Reise.

Einige Etappen haben sich inzwischen verändert, durch
Hütten-Neubauten oder geänderte Wege, aber noch immer sind es gut 500 Kilometer und 20 000 Höhenmeter.
Mehrere Websites konkurrieren mit mehr oder weniger
lesenswerten Erfahrungen und Eindrücken um Venedig-
Aspiranten. In Web-Foren prahlen wortreiche Kommen-
tatoren mit ihren Leistungen, nörgeln über Hüttenwirte,
andere Wanderer, unkommunikative Pärchen und Schnor-
rer. Ja, die Alpen sind auch nicht mehr das, was sie zu Lud-

wig Graßlers Zeiten waren. Selbst die Schilder waren damals noch einfacher.

Wer heute durch Südtirol wandert, wird kaum noch einsprachige Wegweiser finden. Statt »Alm« steht da also »Alm/Malga«. Wenn sich der deutsche und der italienische Ortsname stark ähneln, wirkt das manchmal etwas sperrig – dann weist etwa im Silvestertal/Valle San Silvestro der Wegweiser/*indicatore* nach Unterplanken/Planca di Sotto. Doch zu Südtirol gehört nun mal die Zweisprachigkeit. Oder eigentlich die Dreisprachigkeit, denn in manchen Tälern wird noch Ladinisch gesprochen.

Der Streit um die Übersetzung deutscher Ortsnamen geht auf die Jahre vor dem Ersten Weltkrieg zurück, als der italienische Sprachwissenschaftler und nationalistische Politiker Ettore Tolomei (1865–1952) das »Prontuario dei nomi locali dell'Alto Adige« schuf, ein Verzeichnis von 16 735 ins Italienische übersetzten Ortsnamen. Die Italienisierung geschah teils durch direkte Übersetzung (Belprato für Schönwies), teils durch Rückgriff auf lateinische Namen (Vipiteno für Sterzing), teils durch phonetische Übertragung (Monte Rid für Riedberg). Umstritten war sie von Anbeginn – nicht nur sprachlich, sondern vor allem, weil damit Italiens Anspruch auf Südtirol unterstrichen wurde. Als Beamter in den Zeiten des Faschismus forcierte Tolomei die Italienisierung Südtirols nach Kräften.

Die Zeiten der Kontroverse zwischen deutschstämmigen Südtirolern und ihren italienischsprachigen Landsleuten sind zum Glück vorbei – doch bisweilen flackern noch überraschende Konflikte auf. So beim »Schilderstreit« im Jahr 2009: Nach Klagen über rein deutsch beschriftete Schilder gab es da lange Verhandlungen zwischen dem damaligen Südtiroler Landeshauptmann Luis Durnwalder und dem Regionalminister Raffaele Fitto, die sich schließlich darauf einigten, dass historisch gewachsene Flurnamen von nur regionaler Bedeutung allein auf Deutsch angeschrieben sein dürfen.

Aber wer eine gute Karte hat, braucht die Schilder ohnehin nicht. Außerdem sind inzwischen fast alle Wege in den Alpen gut markiert – aber in welcher Farbe? Meistens rot. Oder gelb. Manchmal auch blau mit weiß. In Slowenien immer weiß mit einem roten Rand. Oder rot mit einem weißen Punkt in der Mitte? Egal – Hauptsache, man findet sich zurecht.

Manchmal helfen Steinmänner dabei, manchmal sind wir auf dem Holzweg. Der Bergsteiger sagt »Verhauer« dazu: Das bedeutet, dass wir einen blinkenden Haken in der Wand schräg über uns sehen, uns hinaufmühen – um dann festzustellen, dass es hier keineswegs weitergeht und dass der Haken offenbar nur dazu gut ist, einen kleinen Notabstieg zurück zum rechten Weg zu ermöglichen. Kramen wir dort das Topo (so heißen die Skizzen von Kletterrouten) aus dem Rucksack, so sehen wir, wo es weitergeht – und manchmal auch die für uns zu spät kommende Warnung vor dem Verhauer.

Beim Wandern kann es sein, dass der Weg einfach endet. Wobei dieses Ende gar nicht so einfach ist, wie mir der sächsische Kartograf Rolf Böhm erklärte, der mit viel Liebe ungeheuer detailreiche Karten seiner Heimat zeichnet: »Auch das Ende muss genau beschrieben werden: Entweder der Weg löst sich allmählich auf, endet abrupt, hat ein künstliches Ende durch eine Siedlung oder Straße – oder es gibt keine Informationen über sein Ende.«

Da sind wir dann weglos unterwegs – und das ist für viele Bergsteiger die hohe Kunst: einfach ein Ziel anvisieren und losgehen. Im Winter ist das manchmal möglich: Als Skitourengeher oder Schneeschuhläufer hat man – zumindest als Frühaufsteher nach Schneefall – den ganzen Berg vor sich. Eine schimmernde Leinwand, die auf die ersten Linien, Zeichen und Spuren wartet.

Im Sommer geht das in den Alpen nur selten. Da ist immer ein Weg im Weg. Ein Pfad, dem man folgen muss, will man nicht als Naturtrampel dastehen. Eine Wegspur, auf der schon vor Jahrhunderten Jäger und Hirten unterwegs waren, oder ein Wanderweg. Und so endet selbst die schönste Wildnis irgendwann an einer der vielen Straßen.

Straßen: 33 Pässe in drei Tagen?

Die Alpen ohne Straßen? Na, wie wollen Sie denn zum Berg kommen? Mit der Bahn? Gut, das geht, ein Stück. Zu Fuß? Viel Spaß! Oder mit dem Rad, wie die beiden Münchner, die in den Dreißigern als Erste die Eiger-Nord-wand durchsteigen wollten? Aber halt, die brauchten ja auch Straßen. Sogar der Deutsche Alpenverein, als anerkannter Naturschutzverband einigermaßen unverdächtig, motorsportlichen Anwandlungen nachzuhängen, kooperiert mit einem Automobilhersteller. Natürlich gab es da Proteste kleingeistiger (oder immobiler) Mitglieder, aber da die Kooperationsfahrzeuge mit Hybridtechnik unterwegs sind und – um Gottes willen! – auch keinen Allradantrieb haben, ist dieser Umwelt-Spagat wohl tolerabel. Auch wenn besagte Autofirma zu den weltgrößten Geländewagenherstellern zählt. Aber ich will hier nicht mit Steinen, Radkappen oder Anlassern werfen, sitze ich doch selbst im Glashaus, als Vielfahrer mit – das muss ich zugeben – einer großen Leidenschaft für alpine Straßen. Denn wo man fahren kann, mag ich nicht laufen. Keine faulen Kompromisse im Gebirge!

So war auch ein Projekt in fernen Jugendtagen angelegt: 33 Pässe in drei Tagen. Mit einer kurvenfesten Gefährtin geht das (die lernte gegen die Zentrifugalkraft für ihr Matheabitur). Gipfelaufstieg war da aber keiner mehr drin. Die meisten Altersgenossen haben uns damals ziemlich schräg angesehen, als wir von unserer Tour erzählten. Nur einer hat uns gut verstanden: Der war im Jahr davor samt Freundin und Campingausrüstung mit der Honda Dax nach Südfrankreich gefahren – durch die Schweiz, über die Pässe. Mit einem Motorrädchen, das nur wenig größer ist als die Lauflernräder der Kinder von heute. Wie das ging, ist mir immer noch ein Rätsel. Aber es gibt Fotos. Auf denen trägt die Sozia gelbe Gummistiefel. Die dienten wohl als zusätzlicher Gepäckraum.

Heutzutage stehen derart kurven- und abgasreiche Ausfahrten unter Acht und Bann. Das Auto ist das Mittel zum Berg, nicht mehr! Aber auch nicht weniger. An dem billigen Spott »Bergsport ist Motorsport« ist schon was dran, wenn ich mir so die Jahreskilometer meiner intensiv bergsteigenden Freunde ansehe.

Die befahren aber in der Regel keine Wirtschaftswege. Oder nur als Beifahrer, was ein Highlight ist: im Bergwacht-Puch, auf dem Quad des Hüttenwirts oder am Seil hinter dem Ski-Doo. Ich weiß, der Naturschützer rümpft da die Nase. Noch lieber fahre ich solche Wege mit dem Mountainbike, ohne Verbrennungsmotor. Laufen mag ich sie nicht, außer vielleicht mit Freunden oder Verwandten, wo der breite Weg zum Plaudern einlädt. Wenn man einen Bergpfad hintereinander geht, hat man zwar mehr Naturerlebnis, aber weniger Kontakt.

Früher gab es nur Fußwege oder allenfalls Saumpfade auf die Almen oder Hütten, und das Muli schleppte Nahrungsmittel und Bier hinauf und den Käse hinunter. Manche Wirte fanden dann heraus, dass auch wüste Fußpfade mit einer bierkastenbeladenen Enduro machbar sind, und oft kannten sie Tiefbauprofis mit ganz kleinen Planierraupen. Die machten aus dem Holperpfad eine kleine Piste – wenn aus dem Transportweglein nicht gleich eine richtige Schotterstraße wurde. Die können wir als Wirtschaftsweg bezeichnen, weil sie direkt zum Wirtshaus auf der Alm führt. Manchmal trifft man aber auch auf Straßen ganz ohne erkennbaren Sinn und Zweck, ohne Anfang und Ende. So erging es mir im Sommer 2013 oberhalb der Bleckenau auf dem Weg zum Schlagsteinsattel. Zwischen einem Bohlenweg über ein kleines Moor und einem steilen Bergrücken überraschte mich ein breit gebahntes Stück Kiesweg. Sehr steil, sehr holprig, aber sicher nicht mit Pickel und Schaufel angelegt. Gibt es im Allgäu fliegende Planierraupen?

Die ältesten in den Alpen angelegten »Straßen« waren steinzeitliche Trampelpfade, die je nach Stand der Gletscher als Handelswege genutzt wurden. Die Römer bauten dann um 50 n. Chr. eine Straße über den Reschen und später eine über den Brenner, und in der Neuzeit wurden schließlich völlig neue Routen erschlossen – die meisten davon genussvoll zu befahren, egal ob motorisiert oder mit eigener Muskelkraft.

Die Großglockner-Hochalpenstraße entstand zwischen 1930 und 1935 als Projekt einer Aktiengesellschaft mit dem Ziel, die Hochgebirgswelt zu Füßen des Großglockners und seiner Gletscher für den aufkommenden Autoverkehr touristisch zu erschließen. Passhöhe ist das Hochtor auf

2505 Metern, Stichstraßen führen auf die Edelweißspitze, 2571 Meter, und zum Freiwandeck (Kaiser-Franz-Josefs-Höhe), 2369 Meter. Dort gibt es mehr als tausend Parkplätze, die im Hochsommer durchaus alle besetzt sein können. Dann sorgt eine riesige, vielspurige Wartezone für Entspannung (rein verkehrstechnisch, versteht sich – wer in der Sonne bratend wartet, ist alles andere als entspannt).

58 Kilometer ist die Straße lang, 3200 Arbeiter schaufelten sie in 26 Baumonaten. Sie war von Anfang an ein Erfolg: Im ersten Jahr kamen mehr als 130 000 Besucher. Kurz vor Beginn des Krieges waren es schon fast 300 000, und richtig aufwärts ging es in den Nachkriegsjahren: 1956 zählte man 776 000 Besucher in 204 000 Fahrzeugen. So gesehen muten die knapp 900 000 Besucher von heute gar nicht so gewaltig an – aber damit zählt die Großglockner-Hochalpenstraße zu den meistbesuchten Sehenswürdigkeiten Österreichs.

Man mag sich fragen, inwieweit eine Koexistenz von viel befahrener Straße und Nationalpark heute noch zeitgemäß ist, aber das Besucherzentrum an der Franz-Josefs-Höhe gibt sich alle Mühe, die Gegensätze unter einen Hut zu bringen: Viele Schautafeln erklären die Natur des Hochgebirges, das Bronze-Boot auf dem Kraft-Wellenberg des Künstlers Johann Weyringer fordert zu einer geistigen Reise in die Vergangenheit auf, in das »Zeitgefühl des Menschen, dessen Denken mit der Arche Noah beginnt« (so die Erklärung). In einem der oberen Stockwerke lädt das »Alpine Testzentrum Grossglockner« der RedRooster Adventure Company zum Besuch ein, in so etwas wie ein Modelleisenbahn-Diorama in Lebensgröße, mit Kunstfelsen, drahtseilgesichertem Weg zum Blockhüttchen, nebst Milchkanne, Gletscherspalte und zwei ausgestopften Mur-

meltieren. Die echten warten draußen unter der Besucher-
terrasse auf Brosamen, mehrsprachige Hinweisschilder wei-
sen auf sie hin. Erklärtes Ziel des Erlebnis-Passes: die
Erhöhung der »Verweildauer der Besucher«.

Straßenhistorisch wertvoll ist auch der Sustenpass,
2224 Meter hoch. Das 1938 begonnene Projekt zwischen
den Kantonen Uri und Berner Oberland passt sich ideal
der Landschaft an und scheint wie geschaffen für den modernen Fahrzeugverkehr – mit gleichbleibenden, nicht zu
starken Steigungen und wenigen, großzügigen Kehren.
Das gefällt nicht jedem: »Die endlosen Geraden drücken
die Stimmung im Anstieg enorm«, findet die Radfahrer-
Website »quaeldich.de« (Motto: »hauptsache bergauf«). An
Radler, die gerade mal eine Stunde und fünf Minuten für
knapp achtzehn Bergkilometer brauchen, haben die Er-
bauer der Sustenpass-Straße sicher nicht gedacht.

Wie so oft bei Alpenpässen waren rein militärische
Überlegungen ausschlaggebend. Das benachbarte Italien
baute zu jener Zeit Beobachtungswege und militärische
Kontrollpfade knapp unterhalb der meist auf Kammhöhe
verlaufenden Grenze. Im einsamen Piemont und in den
angrenzenden französischen Departements sind diese wilden Wege heute beliebte Trails von Allrad- und Enduro-
fahrern (in Frankreich liegen sie heute teilweise deshalb,
weil der Grenzverlauf nach dem Zweiten Weltkrieg verändert wurde). In Südtirol erzählen Pfitscher-Joch-Straße
und Brenner-Grenzkamm-Straße (gut sichtbar von der
Autobahn bei der Auffahrt von Süden) von ihrer einstigen
strategischen Aufgabe. Es sind merkwürdige Bauwerke:
imposante, breite Straßen mit wuchtigen Randsteinen und
Kilometerpfosten, ungeteert, aber offensichtlich auch für
schweres Gerät angelegt.

Auch beim Stilfser Joch, der damals höchsten Alpen-
straße Europas, standen Strategen und Pioniere Pate: Diese
Straße entstand von 1820 bis 1825, um die Lombardei, die
damals zu Österreich gekommen war, besser an Tirol an-
zubinden – über einen 2758 Meter hohen Pass! Die 49 Kilometer lange Stilfser-Joch-Route zwischen Prad am Stilfser Joch und Worms (Bormio) wurde aufgrund ihrer
strategischen Bedeutung für die Monarchie sogar in den
Wintermonaten offengehalten. Ihre Linienführung ist bis
heute unverändert; lediglich die engsten der 48 Kehren
wurden erweitert, damit der Verkehr besser fließen kann.
Soweit das an belebten Hochsommertagen überhaupt
möglich ist, wenn sich alle gegenseitig auf die Nerven gehen: behäbig rangierende Reisebusfahrer, mühsam bergauf schnaufende Rennradler, bergungewohnte Flachländer
mit gelben Kennzeichen (wenn auch ohne Wohnwagen),
im schwarzen Leder schwitzende Motorradfahrer, unge-
duldige, übermotorisierte Cabriopiloten und bergab ra-
sende Biker.

Da ist es kein Wunder, dass die Südtiroler Landesverwal-
tung schon seit Längerem über eine Regulierung nach-
denkt. Bereits 2006 war eine Gebühr im Gespräch, wie
auch für die Südtiroler Pässe in den Dolomiten. Die Maßnahme war dann für 2013 angekündigt, wurde aber überraschend kurzfristig wieder abgesagt. Was sich wohl damit
erklären lässt, dass eine Wahl vor der Tür stand und das
Konzept nicht wirklich ausgereift war. Der einheimische
Touristikstratege Stephan Gander kann sich über diese Planung wunderbar empören: Ein System mit Videokontrolle
der online oder an Automaten gekauften Mautkarten sei
in den wirtschaftsschwachen Tälern am Fuß des Ortlers
unsinnig und dem Tourismus wenig förderlich, beanstan-

det er. Ihm schwebt eine »Erlebnisstraße« à la Großglock-
ner vor, wo nicht Autofahrer abgezockt, sondern Gäste
von den Attraktionen im Gebiet angezogen würden. Es
ergebe auch keinen Sinn, so Gander, die Maut nur für die
Südtiroler Strecke zu kassieren; vielmehr müsse der Gast
alle drei Dimensionen der Stilfser-Joch-Straße erleben
können: Südtirol um Trafoi, die Lombardei um Bormio
und das Graubündner Münstertal am Fuß des Ofenpasses
mit dem Schweizer Nationalpark. Das Konzept »Stilfser-
Joch-Erlebnis-Card« könne wie in den amerikanischen
Nationalparks funktionieren, mit kenntnisreichen Ran-
gern, die den Besucher herzlich willkommen heißen, ihn
durch die imposante Landschaft führen und von ihrer Heimat erzählen – das sei doch besser als einen Bezahlkasten
hinzustellen! Recht hat er: Wer nur über den Pass rasen
will, anstatt zu reisen und zu genießen, der soll sich bei
einem Bergrennen anmelden.

Rennen auf Alpenpässen sind rar geworden: Wenn sie
überhaupt veranstaltet werden, dann für Oldtimer, wie auf
dem Oberjochpass bei Bad Hindelang, oder für Elektro-
fahrzeuge, wie in Südtirol. In der Nachbarprovinz Trentino
wird nach wie vor Gas gegeben, und zwar von Trient aus
auf den Monte Bondone. Das mehr als sechzig Jahre alte
Rennen ist Teil der *FIA Historic Hill-Climb Championship*
und lockt wie eh und je begeisterte Zuschauer an, die auf
Mofas, Decken oder Traktoranhängern die röhrenden
Oldtimer bejubeln. (Hinter vorgehaltener Hand und in
mehreren ökologischen Klammern muss ich gestehen, dass
ich die schwarzen Anbrems-Spuren vor den Kurven sehr
animierend fand, als wir die Strecke im Käfer nachfuhren.
Aber wir hatten keine Chance zu bremsen – es ging ja steil
bergauf. Da hätten wir deutlich mehr als 34 PS gebraucht!)

Ein völlig benzinberauschtes Event in Madonna di Campiglio gehört inzwischen der Geschichte an. Es war so spektakulär aus der Zeit gefallen, dass ich nicht darüber hinweggehen kann. Die Rede ist von einer Veranstaltung mit dem schönen lautmalerischen Namen »Wroom«. Sie fand 23 Mal statt und war so etwas wie die Winterparty des Formel-1-Teams von Ferrari und der WM-Fahrer von Ducati. Der Hauptsponsor, eine ebenfalls rote Zigarettenmarke, sagte das Event 2013 aus Kostengründen ab. Es war auch wirklich aller Glamour vergangener Zeiten aufgeboten worden. Einmal durfte ich es miterleben: Gaudi-Slaloms der Athleten auf der Skipiste, driftende Allrad-Pandas im Tiefschnee, reichlich Heli-Verkehr, ein Rennmotorrad im Eisblock, die Formel-1-Piloten beim Gokart-Rennen auf Natureis, Feuerwerk, »Ferrari-Girls« in Cabrios, feine Menüs auf 2000 Metern mit viel Champagner der regionalen Variante Trento DOC. Inmitten der Piloten und ihren Gespielinnen traf ich einen Priester. Was seine Rolle hier in der Hölle von Bernie Ecclestone sei, wollte ich von ihm wissen. Seine Antwort: »Geistiger Beistand!«

Bergheimat: Föhn und andere Höhenluft

Garmisch-Partenkirchen ist eine der wenigen Städte, die wirklich in den Alpen liegen. Oder doch vielleicht nur *vor* den Alpen, so wie Salzburg, Genf oder Turin? Von München ganz zu schweigen, der Stadt in den unbewohnbaren Gegenden nördlich des Alpenhauptkamms, wie Herbert Rosendorfer selig zu sagen pflegte. Doch dort gibt es immerhin eine alpine Gastro-Szene. Aber fragen Sie mal einen Münchner (oder noch besser einen Berliner oder Rheinländer), was das Besondere an München sei: Er wird Ihnen sicher das Oktoberfest nennen und gleich danach die Berge. Dabei sind die doch so weit weg! Zumindest für Leute, die am Fuß der Berge aufgewachsen sind. Zu sehen sind die Berge in München nur von hohen Hochhäusern oder vom Olympiaturm aus – und das auch nur bei starkem Föhn. Was heißt, dass sie nur für Urmünchner sichtbar sind oder für Menschen, die aus Berggegenden kommen: Den anderen verpasst der Föhn so heftiges Kopfweh, dass sie nicht einmal daran denken mögen, irgendwo raufzufahren oder gar raufzusteigen, um die fernen Berge anzustarren. Aber da der Föhn eine alpenferne Einbildung ist, können wir getrost darüber hinweggehen, ohne weitere Anweisungen zu geben, etwa zum Gebrauch von Aspirin (hilft nicht), Ibuprofen (hilft manchen Menschen), Metamizol (sollte man überhaupt nicht einnehmen, eigentlich) oder Kaffee mit Zitrone (nun ja).

München wird auch nicht dadurch zur Alpenstadt, dass hier der Deutsche Alpenverein seinen Sitz hat. Der Österreichische sitzt nicht in Wien, sondern in Innsbruck, wo einen die U-Bahn in die Berge bringt. Unterirdisch ist aber genau genommen nur die Station, tatsächlich steigen wir in eine Zahnradbahn im schicken Gewand von Zaha Hadid. Die Star-Architektin, der Innsbruck auch die schwungvolle Bergisel-Schanze verdankt, hat die hundert Jahre alte Hungerburgbahn neu gestaltet – und die Talstation mitten in die Stadt verlegt. So geht es in acht Minuten von 569 auf 857 Meter und von dort mit zwei Seilbahnen bis auf 2256 Meter. *Das* ist eine Alpenstadt! Kein Wunder, dass die Universität sich kaum vor Bewerbungen sportlicher junger Menschen retten kann, die in diesem Umfeld ... studieren wollen.

Auch Bozen hat eine mehrsprachige Universität, die Berge vor der Tür und gleich drei Seilbahnen in der Stadt, eine nach Jenesien, eine nach Oberbozen und eine hinauf zum Kohlern, dem immer leicht düsteren, dicht bewaldeten Berg im Süden der Stadt. Von dort oben ist der Blick auf Bozen, Ritten und Rosengarten wunderbar (vor allem vom nostalgischen »Gasthof Kohlern« aus), aber an Skifahren ist, anders als im Innsbrucker Hafelekar, hier nicht zu denken.

Das geht schon eher in Trient – wenn es denn Schnee hat. Die Stadt an der Etsch liegt gerade mal 200 Meter über dem Meer. Aber *wenn* – dann ist es wunderbar: Dann steigt man in der Stadt in den Skibus und ist in wenigen Minuten bei den Liften am Monte Bondone. Die Stadt ist stolz auf ihre Pionierrolle bei der winterlichen Erschließung der Berge: Bereits in den Dreißigerjahren hatte man hier eine Aufstiegshilfe, einen Schlitten, der am Seil gezogen wurde.

In St. Moritz hätte man die Nase gerümpft, besaß diese Stadt doch schon 1935 den ersten richtigen Skilift. Der Ort setzte auf Ganzjahrestourismus – kein Wunder, bei der traumhaften Lage zwischen Bergen und Seen, auf 1800 Metern. Bis 1864/65 waren nur Sommerfrischler gekommen, aber in jenem Jahr wurden mit einem Trick die ersten Wintergäste angelockt: Vier Engländer waren es, denen der Sommer im Engadin gut gefiel, die aber das Angebot des Hoteliers Johannes Badrutt weit von sich wiesen, auch im Winter ins »Kulm Hotel« zu kommen. Winter – das bedeutete für sie neblige, nasskalte Tage, und die konnte man genauso gut an der Themse verbringen. Erst mit einer sehr sportlichen Wette konnte Badrutt sie überzeugen: bei Nichtgefallen Erstattung all ihrer Reisekosten ab London und wieder zurück. Falls aber den vieren der Winter zusage, seien sie seine Gäste und könnten so lange bleiben, wie sie wollten. Die Briten erwiesen sich als begeisterte Verlierer – und blieben gleich von Dezember bis ins Frühjahr. Badrutt dagegen gab sich als spendabler Gewinner: Er wusste wohl genau, dass der Werbewert seines Angebots weitaus höher war als seine Aufwendungen.

Seitdem gibt es in den Alpen eine Wintersaison, die Sommerfrische-Orte zu Skidörfern und Bergstädtchen zu Metropolen machte. Was keineswegs abwertend gemeint ist: Das Touristentrubeldorf Chamonix, korrekt Chamonix-Mont-Blanc, kurz »Cham« genannt, schenkt einem pure Vorfreude auf die Berge oder einen starken Nachklang der Tour, beim Café au lait oder beim Aperitif. Man bewundert diese unglaublichen Bergzacken über dem Wald, träumt sich hinauf in die wilde Einsamkeit der Gletscher oder hängt dem gerade Erlebten nach, eingehüllt in das babylonische Sprachgewirr all der Menschen mit unterschiedlichen Sportgeräten, die sich am Quai d'Arve begegnen oder in der Avenue Michel Croz. Die erinnert an jenen Bergführer aus Chamonix, der 1865 beim Abstieg von der Erstbesteigung des Matterhorns ums Leben kam. Die beiden Bronzegestalten in der Avenue haben allerdings den Mont Blanc im Visier: Es sind Horace Bénédict de Saussure, der anno 1760 eine Prämie für denjenigen auslobte, der als Erster den Weg auf den Gipfel fände, und Jacques Balmat, einer der beiden Erstbesteiger: Am 7. August 1786 erreichte er mit seinem Partner Michel-Gabriel Paccard die Spitze, eine der vielen Geburtsstunden des Alpinismus. Der Mont Blanc trug damals noch nicht den Namen »Weißer Berg«, sondern hieß »Verfluchter Berg«, Mont Maudit. Heute wird nur noch ein Nebengipfel so genannt.

Olympiastadt ist Chamonix außerdem: Hier fanden 1924 die ersten Winterspiele statt. Die nächsten wurden, wie die von 1948, in St. Moritz abgehalten. Auch Innsbruck war zweimal Austragungsort: 1964 und 1976. An die Spiele von 1964 erinnere ich mich noch lebhaft; an die Fahrt im Käfer meiner Eltern zur neuen Europabrücke (noch ohne Autobahn), die ich als nicht ganz eingelöste Verheißung des Südens abgespeichert habe, an das Bobrennen sowie den Damenslalom bei strenger Kälte und im dichten Flockenwirbel. Das ist erstaunlich, denn die Chroniken erzählen, dass diese Spiele unter Schneemangel litten. Alte Pressefotos zeigen Bundesheersoldaten mit großen Körben, die Schnee und Eisblöcke schleppen. Aber vielleicht passen Erinnerung und Fakten doch zusammen: Meine Mutter gestand mir auf Nachfrage beschämt, dass sie damals meinen Anorak vergessen hatte – kein Wunder, dass dem siebenjährigen Wintersportfan kalt war und er sich den Schnee später dazugedacht hat.

Der Inn kann übrigens als *der* olympische Fluss schlechthin gelten, hat er doch gleich vier olympische Winterspiele begleitet: Er entspringt bei St. Moritz und gibt nicht nur Innsbruck, sondern auch dem Engadin seinen Namen.

Bleiben wir noch kurz in Graubünden: Nur ein paar Kilometer Luftlinie von St. Moritz entfernt liegt die höchste Siedlung der Alpen. Genauer gesagt: die höchste dauerhaft, also ganzjährig bewohnte Siedlung. Mit »Siedlung« meine ich »Häuser mit Kirche«, einverstanden? Lange Zeit glaubte ich, dass dieses Prädikat dem Weiler Rojen im obersten Vinschgau zustehe. Schön genug ist das Dörfchen ja: die alten Holzhäuser, die Ställe, die Wiesen und Weiden drum herum und die kleine alte Nikolauskirche mit den wunderbar detailreichen Fresken aus dem 15. Jahrhundert. Aber tatsächlich reichen Rojens knapp 2000 Meter wohl nur für den Titel »Südtirols höchstes Dorf«; alpenweit darf das Graubündner Juf auf 2126 Metern die Nase – buchstäblich – höher tragen.

Juf liegt im Averstal, ein Stück hinter Chur. Da vereinigen sich bei Bonaduz der Vorderrhein (der vom Oberalppass kommt, wo der Tomasee als Quelle gilt) und der Hinterrhein (der vom Adulagebiet um das Rheinwaldhorn kommt) zum Rhein. Die Straße windet sich durch die wilde Via Mala, die »böser Weg« genannte Schlucht zwischen Thusis und Zillis, und biegt dann nach Westen ab, nach Splügen, dem Talort des gleichnamigen Passes (2115 m), und zum San-Bernadino-Tunnel, der Hauptachse ins Tessin. Wo die Schnellstraße abknickt, übersieht man leicht die Abzweigung nach Juf. Sie führt durch die Orte Ausserferrera und Innerferrera, dann hinauf ins Averstal.

Wundern Sie sich nicht, wenn Sie Hinweistafeln zum »Magic Wood« sehen und barfüßige Geschöpfe in weiten Hosen die nasse Straße neben dem Averserrhein überqueren. Das sind nicht die Feen aus einem Märchenwald für Kinder, sondern Klettermädchen auf dem Weg zu einem Spielplatz für Große: Der »Magic Wood« ist eines der schönsten Bouldergebiete der Alpen. Bouldern ist, Sie werden es wissen, das Klettern in Absprunghöhe ohne Seil. Und dafür liegen im Wald am Fluss wunderschöne Felsblöcke bereit.

Die Straße schlängelt sich weit hinauf, bis über die Baumgrenze. Dort öffnet sich das Averstal zu einem erstaunlich weiten Becken, breite Seitentäler geben Luft zum Atmen. Sonnig und heiter ist es hier – trotz der ernsten Gipfel, die auf die verstreuten Weiler herabblicken. Am Ende des Tals ducken sich die wettergegerbten Häuser von Cresta, Juppa und Juf in den Schutz der hohen Berge. Hier endet die Straße.

Wer hier mehr will als nur überleben, der muss sich etwas einfallen lassen. Eine kleine Genossenschaft betreibt den örtlichen Skilift, eine andere (in der sich hauptsächlich naturverbundene Städter zusammengeschlossen haben) ein Hotel, eine dritte den »Via-Mala-Markt« in der Raststätte an der Nationalstraße. Der verkauft lokale Produkte ohne Zwischenhandel und weite Wege.

Vierzehn Bauersfamilien leben im Tal, die allermeisten wirtschaften biologisch. So wie Richard Luzi, der vor ein paar Jahren vor der Entscheidung stand, den Hof seiner Vorväter zu übernehmen. Richard ging aufs Ganze und baute einen großen Freilaufstall für eine kleine Herde. Sein Hof ist ein Mutterkuhbetrieb: Die Milch der gut zwanzig Kühe ist nur für die Kälber, deren Fleisch später als »Natura Beef« reißenden Absatz findet. Luzi verkauft es sowohl im Coop wie direkt an die Stammgäste in seinen Ferienwohnungen. Die kommen aus der städtischen Schweiz oder aus dem Rheinland und lieben die Ruhe im Avers.

Das Tal ist ein Paradies für Skitourengeher und natürlich auch für Wanderer und Bergsteiger, die große Landschaften ohne Trubel lieben. Man kann hinaufsteigen zum Septimerpass, 2310 Meter hoch, und hinunter ins Bergell gehen oder über den Stallerberg, 2579 Meter, zum Julierpass queren, der St. Moritz mit Chur verbindet. Oder einfach dableiben, wandern, einsame Gipfel ersteigen, kleine Gletscher bestaunen und sich freuen, dass die Welt der Straßen irgendwo ein Ende hat.

Diese Botschaft wollen auch die »Bergsteigerdörfer« ihren Gästen vermitteln, eine Gruppierung von Orten, die traditionellen und naturnahen Kriterien entsprechen, ins Leben gerufen vom OeAV. Die Bergsteigerdörfer haben weniger als 2500 Einwohner, eine »vernünftige« Infrastruktur nebst Schutzhütten, aber keine »Bettenburgen«. Ein Teil der Landschaft muss geschützt sein, es gibt »Traditionsgipfel« ohne Aufstiegshilfen und – Achtung! – »eine relevante Reliefenergie«. Gemeint ist damit, dass ein Bergsteigerdorf Berge haben muss – und zwar hohe! Gewünscht ist ein Höhenunterschied von 1200 Metern zwischen Tal und Gipfel. Zu der Gruppe gehören etwa Grünau im Almtal am Nordrand des Toten Gebirges, Ginzling im Zillertal, Vent im Ötztal sowie das Sellraintal, das Villgratental, das Gailtal, das Lesachtal, das Große Walsertal. Andere Netzwerke, etwa die »Alpine Pearls«, berufen sich auf ökologische Kriterien (autofrei, Anreise mit öffentlichen Verkehrsmitteln) – und wollen so auf ganz natürliche Weise Geld verdienen.

Alpentaler: Marmor, Stein und Eisen

Ums Geld geht es eigentlich immer. Auch in den Bergen. Wirtschaftsfreie Räume sind allenfalls die Nationalparks, doch auch die sind ein touristischer Faktor ersten Ranges. Und Handelsbeziehungen über die Berge hinweg gab es seit jeher. Ötzi war nicht als Spediteur unterwegs, aber seine Ausrüstung belegt den Austausch zwischen Süd und Nord. Das Kupfer der Axt stammte aus dem Salzburger Raum, der Feuerstein des Dolches vom Gardasee. Das Hauslabjoch, wo er den Alpenhauptkamm überquerte, war bestimmt keine wichtige Handelsroute – dazu ist das Gelände dort zu steil, selbst ohne Eis –, aber es war einer jener vielen Verbindungswege, die seit Generationen begangen wurden.

Die steinzeitlichen Hirten in den Tälern zwischen Ötztal und Vinschgau werden die Route gut gekannt haben. Vielleicht waren sie schon damals, vor 5000 Jahren, mit ihren Tieren genau so unterwegs, wie wir das heute noch zweimal im Jahr miterleben können. Alljährlich im Juni wechseln die Herden auf zwei uralten Routen von den Winterställen im Süden, im Schnalstal und am Schlanderser Sonnenberg im Vinschgau, zu den Sommerweiden im Norden – im September geht es dann wieder zurück. Die Herden sammeln sich auf etwa 2000 Metern und ziehen dann gemeinsam über die Pässe, von Vernagt über das Niederjoch (3019 m) an der Similaunhütte vorbei, oder von Kurzras aus über das Hochjoch (2850 m) an der Schutzhütte Schöne Aussicht vorbei. Das Hochjoch ist niedriger gelegen und das Niederjoch höher – aber das mutet nur topografisch versierte Menschen von heute seltsam an. Für die Vorväter war die Sache klar: Das Joch weiter hinter im Tal und damit näher an den hohen Bergen ist das hohe. Fest steht, dass beide Übergänge kein Spaziergang sind. Nicht immer sind sie schneefrei und relativ sicher und bequem zu begehen, manchmal liegen die Wege noch – oder schon – tief unterm Schnee, sodass die Reise für Mensch und Tier lebensgefährlich sein kann.

Gut vierzig Kilometer legen die Hirten mit ihren Hunden und Herden an zwei Tagen zurück, und zwar jeweils mehrere Tausend Tiere! Einmal bin ich ihnen begegnet. Gerade noch lag das Gebirge still da, nur leise knackte und ächzte der Gletscher. Dann plötzlich sind Rufe in der Ferne zu hören, das Trappeln von unzähligen Klauen und ein gewaltiges Konzert von vielen zarten und einigen kräftigen heiseren Stimmen, von »möh« und »bläh«. Lämmer rufen in ganz hohen Tönen nach ihrer Mama, so wie das frisch geborene Tier, das ein Hirte auf dem Arm über den Berg trägt. In den Pausen schwankt es auf wackeligen Beinen und trinkt gierig. Es ist erst ein paar Stunden alt, erzählt der Hirte. Er ist stolz auf seine Tiere, aber auch auf die Aufmerksamkeit, die der Schafübertrieb genießt. Seit

2011 ist diese Transhumanz, ein Überrest der klassischen Wanderweidewirtschaft, sogar als Teil des UNESCO-Welterbes gelistet, im Verzeichnis des immateriellen Kulturerbes von Österreich: Kein Wunder, dass das Ereignis so populär ist. Viele Schaulustige säumen den Weg und füllen die Festzelte in den Talorten. Womit wir wieder beim Geld wären, wo ich doch noch gerne etwas bei den Tieren verweilen möchte, bei den Ziegen, die wieder in großer Zahl die Berge bevölkern, oder bei den Kühen.

Die Rindviecher sind als touristische Attraktion noch viel wichtiger als die Schafe: Almabtriebe oder Viehscheiden sind große Spektakel, die prächtig geschmückten Tiere verdecken den Blick auf den mühsamen Alltag auf der Alm – oder Alp, wie es im alemannischen Sprachraum richtig heißt, also im Allgäu und in Vorarlberg. Die einfachste Form des Almbetriebs ist die Galtalpe, wo sich ein Hirte um das Jungvieh bis zum Alter von zwei Jahren kümmert. Diese Tiere heißen im Allgäu Schumpå« (mit »dumpfem« a am Ende), auf hochdeutsch »Färsen«; sie müssen – da noch »Jungfrauen« – nicht gemolken werden, machen daher auf der Hochweide nicht viel Arbeit. Die alten Ortsnamen in den Karten erzählen von einer hoch diversifizierten Landwirtschaft mit eigenen Sommerfrischen für Kälber, Ochsen, Stiere und Kühe. Die haben die »Kuhgangeln« auf den Bergen hinterlassen – das sind die parallelen »Wege« am Hang, von denen aus sie fressen. Und damit das Futterangebot gleichmäßig genutzt wird, hat die Evolution dafür gesorgt, dass es Bergkühe und Talkühe gibt. Die einen haben kürzere Vorderbeine, um besser bergauf zu weiden, die anderen kürzere Hinterbeine, damit sie sich nicht überkugeln, wenn sie bergab weiden. Das behaupten zumindest manche Almbauern.

Aber Rindvieh hin, Scherz her: Kühe machen Mühe! Die geschmäcklerischen Wiederkäuer wollen zweimal am Tag gemolken werden; sie stehen daher in der Regel nachts im Stall – im Hochsommer zum Schutz vor Sonne und Fliegenplage manchmal auch tagsüber. Der Alltag des Senns sieht dann so aus: Melken um halb fünf, am Vormittag die Milch in den großen Kupferbottichen sanft erwärmen, bis sie klumpt, das Ganze durch Leintücher seihen, die restliche Flüssigkeit auspressen, die Laibe formen und in die Lagerregale verteilen. Der Käse muss dann im Kellerlager beständig kontrolliert und mit Salzlake bestrichen werden – auch im Winter erwarten die Laibe alle paar Tage einen Kontrollbesuch mit etwas Hautpflege, auf der Alm oder im Käskeller im Tal.

Einfacher ist es, wenn auf der Alm nur gemolken und nicht gekäst wird. Da wird dann die Milch täglich ins Tal gefahren, und zwar in kühlenden Containern (Milchkannen existieren nur noch als Schirmständer, außer vielleicht auf einigen Schweizer Almen, die nicht dem EU-Hygienewahn unterliegen), oder sie wird per Pipeline ins Tal geschickt. Das halten Sie für eine Übertreibung? Ist es nicht: Milchpipelines gibt es tatsächlich, die in Jerzens in Tirol sogar schon seit 1957.

Almen werden unterschiedlich bewirtschaftet, je nachdem, wie einträglich in der Region das Leben im Tal ist: Können die Bauersleute dort im Sommer weiter ihre Felder bearbeiten, kümmert sich ein Senner oder eine Sennerin um die Alm. In anderen Gebieten zieht der ganze Hof im Sommer in die Höhe, ja eigentlich das ganze Dorf. Das geschieht oft in Etappen: Zuerst geht es auf einen »Niederleger« oder ein »Maiensäss« hinauf; dort weiden die Kühe im Mai (daher der Name) die Wiesen ab, dann ziehen sie im Hochsommer auf den Hochleger oder die Hochalp und kehren im Herbst für einige Wochen auf das Maiensäss zurück. Von dort ist der Weg ins Tal hinunter nicht mehr gar so weit und gefährlich, sollte plötzlich der Winter kommen.

Den Kopfputz aus Zweigen und Blüten tragen die Kühe nur, wenn der Almsommer gut verlaufen ist, wenn es kein Unglück in der Herde gab. Falls der Käse im Sommer auf der Alpe bereitet worden ist, wird auch er wie eine Trophäe zu Tal gebracht. Aber es gibt auch Almen, die ihren ganzen Käse direkt vermarkten: Der Senner der Melköde im Kleinwalsertal erzählte mir begeistert, dass er gut 500 Kilo pro Sommer verkaufe, entweder zum Verzehr vor Ort oder zur Mitnahme im Rucksack. Der Traum eines jeden Herstellers: keine Vertriebskosten, kein Transport, keine Zwischenhändler – CO_2-neutrale Produktion. Jeden Tag entsteht auf der Melköde ein wagenradgroßer Laib von 28 Kilo, und manchmal, wenn die Kühe viel Futter finden, reicht die Milch auch für zwei. Dafür muss das Wetter schön sein, nicht zu heiß und nicht zu trocken. Überproduktion fürchtet der Senn nicht: Wenn das Wetter gut für den Käse ist, dann kommen auch viele Touristen.

Die mögen den guten Bergkäse, aber nicht unbedingt »härtere Kost« wie den Weißlacker, den einzigen autochthonen Käse des Allgäus. Für mich als gebürtigen Allgäuer ist die regionale Spezialität ein schützenswertes Stück Heimat und ganz zu recht in der »Arche«-Liste von Slow Food Deutschland: Der strenge Geruch weckt die Nase, die Würze brennt köstlich auf der Zunge, bei leichter Schärfe im Abgang – wunderbar! Aber für andere ist der Weißlacker nur ein übel stinkender Käse, den man Feinden unter den Stuhl pappt, wenn man sich ganz bös rächen will. Das ist aber nicht der Grund, dass er schwer zu bekommen ist. Anfang 2013 gab es sogar eine regelrechte Versorgungskrise, als die Allgäuland-Molkereien von Arla Food übernommen wurden. Dabei, so versichert Arla, habe es nur ein Zögern gegeben, wie diese besondere Spezialität weiter produziert werden solle – und gerade da sei die Nachfrage hochgegangen. Und weil der »Stinkkäs« ganze fünfzehn Monate reifen müsse, dauere es eben seine Zeit, bis die Produktion im Laden ankomme. Kleinere, handwerklich arbeitende Sennereien stellen den Weißlacker gar nicht mehr her: Seltsam, dass gerade ein Großbetrieb das Überleben eines »Arche«-Produkts sichert!

Eine vom Aussterben bedrohte Besonderheit ist dagegen der Ahrntaler Graukäse, den nur noch wenige Älpler in einem Seitental des Pustertals herstellen. Dieser Sauerkäse, der aus der Magermilch gemacht wird, also aus dem, was bei der Butter- und Käseherstellung übrig bleibt, war Jahrhunderte lang ein Arme-Leute-Essen. Seit die italienische Slow-Food-Gemeinschaft dem Graukäse im Jahr 2003 den Titel »Presidio« (für »Schutzraum«) verliehen hat – den in Deutschland die uralte Kartoffelsorte »Bamberger Hörnla« oder die »Alblinse« trägt –, genießt der Graukäse zumindest eine gewisse Aufmerksamkeit, auch wenn es immer noch keinen Produzenten mit offizieller Lizenz gibt. Nur private Graukäse-Erzeuger, sozusagen Hobbykäser, die diese Kunst vom Vater oder vom Großvater gelernt haben, liefern die geringen Mengen, die in Sand im Taufers (halb unter der Hand) im Spar-Markt verkauft werden oder den Weg in ein Risotto der Haute Cuisine finden. Norbert Niederkofler, Chef des Zwei-Sterne-Restaurants »St. Hubertus« in St. Kassian im Gadertal, kocht den Reis mit Weißwein, fügt Parmesan und Zwiebeln dazu, die in Apfelessig geschmort werden. So weit, so gut, so klassisch. In einem Gespräch mit Sandra Stricker, in einer Reportage, die in »ALPIN« erschienen ist und mit dem Südtiroler Medienpreis ausgezeichnet wurde, erklärt Niederkofler, wie er den Graukäse »vergewaltigt«: Als glänzender Schaum wird der Arme-Leute-Käse neben das Risotto gesprüht und mit Brotkrumen gekrönt. Eigentlich ein Gala-Auftritt. Und eine feine Sache: schmilzt im Mund, vereint Alpines mit Mediterranem.

Am Mittelmeer, in den Apuanischen Alpen im Apennin, liegt die Marmorstadt Carrara. Aber auch in den echten Alpen gibt es Marmor, vielleicht sogar noch schöneren. Rareren allemal. Und zwar in Laas in Südtirol, am oberen Ende des Vinschgaus, kurz vor dem Ortler. Der Laaser Marmor ist so fein und weiß, dass der spanische Stararchitekt Santiago Calatrava ihn für ein Projekt auswählte, das wohl zu den wichtigsten Neubauten unserer Zeit gehört: die U-Bahn-Station am Ground Zero in New York. Dort wird die Qualität »Lasa Bianco Nuvolato« verlegt, eine weiße Sorte mit grauen Wölkchen, 400 Millionen Jahre alt und frost- und wetterfest, was bei Marmor nicht selbstverständlich ist.

Der Stein wird im Weißwasserbruch auf 1555 Metern abgebaut und mit der Marmorbahn zu Tal gebracht. Die wiederum gilt als technisches Kulturerbe, stammt sie doch aus dem Jahr 1930 – und sie ist eine raffinierte Abfolge von Transportmitteln: Zunächst bringt eine Seilbahn die tonnenschweren Blöcke zu einer Eisenbahn; in offenen Waggons fahren sie dann knapp zwei Kilometer, bis zu einem Schrägaufzug, der sie 800 Meter tiefer bringt. Von dort zieht eine kleine Lokomotive sie über die Etschbrücke ins Marmorwerk, wo ein gewaltiger Kran die Steinblöcke schließlich wie Bauklötze aufstapelt. Alles aus den Zwanzigerjahren und mittlerweile eine Pilgerstätte für Technikbegeisterte. Am Schrägbahnsteig zwischen Berg- und Talstation erklären Schautafeln die historische Anlage.

Aus Laaser Marmor sind etwa die Löwen vor der Feldherrnhalle in München, das Johann-Strauß-Denkmal in Wien oder die schier unendlichen Kreuzreihen des amerikanischen Soldatenfriedhofs in Colleville-sur-Mer. Abgebaut wird der Marmor in gewaltigen Bergklüften, die mit einem normalen Bergwerk wenig gemein haben.

Bergwerke gehören seit jeher zum Wirtschaftsleben der Alpen. Wer die Schätze der Erde aus der Tiefe zu holen wusste, war ein gemachter Mann. Das beweisen etwa die gewaltigen Anlagen des Schaubergwerks im Südtiroler Ridnauntal bei Sterzing, wo bis 1985 Silber, Blei und Zink gefördert wurden. Das Silber aus den Gruben in Schwaz im Tiroler Inntal gab seit dem 15. Jahrhundert den Habsburgern ihr wirtschaftliches Rückgrat – zumindest bis zur Erschließung der Silbergruben in der Neuen Welt Mitte des 16. Jahrhunderts. Heute geht es in Schwaz um andere Schätze: Stolze sechzehn Euro kostet die neunzigminütige Führung durch das Bergwerk, Grubenbahnfahrt inklusive.

In die Urzeit des Bergbaus bringt uns eine »Erlebniswelt« im Allgäu: das Museumsdorf der Eisenerzgruben in Burgberg am Grünten. Ein Verein von Heimat- und Höhlenforschern hat das Projekt auf den Weg gebracht, gut 25 000 Besucher pro Jahr werden hier ins Mittelalter entführt. Mit etwas Phantasie kann man sich in die Zeit um 750 zurückversetzen, als der Mönch Magnus, der Apostel des Allgäus, nicht nur Drachen tötete und Heiden bekehrte, sondern ihnen (den Heiden, nicht den Drachen) auch erklärte, wo sie Eisenerz finden können und was man damit macht. Die Spuren der Eisenerzgruben am Säuling sind noch heute sichtbar.

Springen wir vom Eisen zum Eis. Auch das ist ein alpines Klischee, seit mehr als hundert Jahren weltweit lebendig. Wohin man auch reist, man findet eine Eisdiele. Meist trägt sie den Namen des Besitzers, viele heißen aber auch »Dolomiti«. Wie das berühmte dreifarbige und dreizackige Langnese-Eis der Achtzigerjahre, das 1987 vom Markt genommen und 2014 wieder aufgelegt wurde. Echte *gelatieri* werden es nicht verkaufen, sondern nur selbst gemachtes Eis – und bei dem Namen »Dolomiti« ausschließlich an die Gipfel ihrer Heimat denken: an die Täler um Belluno im nördlichen Venetien, das Cadore und das Val Zoldana. Dort gibt es alles, was im 19. Jahrhundert für gutes Eis gebraucht wurde: Milch, Sahne, Eier, Waldbeeren; und vor allem genug Schnee und Eis, um Kaltes auch im Sommer zu konservieren.

Die Kunst des Eismachens kam über den Orient nach Sizilien und verbreitete sich Mitte des 19. Jahrhunderts in den Dolomitentälern. Schon um 1865 stand der erste *gelatiere* mit seinem Eiswagen im Wiener Prater, und als der ambulante Handel verboten wurde, entstanden die ersten Eisläden, die bald »Eisdielen« hießen. Im Winter wurden dort Lebkuchen verkauft. Die *gelatieri* gingen dann zurück in ihre Heimat rund um Longarone im Piavetal (dort sind wir dem »fliegenden See« begegnet).

Heute ist Longarone für seine Eismesse bekannt, die *Mostra del Gelato*: Alljährlich Anfang Dezember treffen sich hier an die 25 000 Eis-Experten aus aller Welt. Die ausländischen Besucher stammen, so listet die Website der Messe stolz auf, aus 48 Ländern: von Albanien bis Nordamerika und Argentinien bis Moldawien. Ob es in all diesen Ländern auch »Dolomiti«-Eiscafés gibt, so wie in Füssen beim Eisen-Heiligen Magnus? Der hat noch keine eigene Eissorte, wohl aber der andere Segensbringer des Allgäus: König Ludwig.

»Glace Royal« heißt das Eis, das im Restaurant »Alpenrose« in Hohenschwangau als Hommage an Ludwig II. als »Kenner und Verehrer feinster Süßspeisen« serviert wird. Die Speisekarte erklärt dazu: »Für den raffinierten Schmelz... sorgen besondere Rührverfahren und echte Butter.« Wow! Echte Butter! Offenbar imponiert das dem Wittelsbacher Ausgleichsfonds, der die Güter der einstigen Königsfamilie verwaltet und auch das »Alpenrose« führt. Ob das »Glace Royal« dem Märchenkönig gemundet hätte? Oder »Mango Monarchie« und »Zartbitterglück« – um noch zwei Sorten aus der »einzigartigen Eisedition« des Ausgleichfonds zu nennen? Eis gehörte jedenfalls zu Ludwigs alltäglicher Tafel, das wissen wir von den Erinnerungen des Hofkochs Theodor Hierneis. Er berichtet auch von einer Veilchenbowle, die der König schätzte – und an die vielleicht das Veilcheneis im »Alpenrose« erinnert: »Sie wurde aus getrockneten Veilchenwurzeln bereitet, die, wenige Stunden in französischem Sekt eingeweicht, ein merkwürdig starkes Aroma verbreiteten.«

Zeit für ein Glas, oder? Nicht unbedingt *Cognac mousseux*, wie ihn der Märchenkönig trank, sondern besser ein schönes Bier. Das braucht Hopfen, Malz und gutes Wasser. Davon gibt es in den Bergen reichlich – und das schmeckt man! Im bayerischen Alpenvorland ist die Brauereidichte zwar nicht so groß wie im Frankenland, aber auch in den Alpen, ja selbst im Weinland Südtirol, beweisen inzwischen diverse Start-ups sowie größere und kleinere Traditionsunternehmen Regionalität und Qualität.

Etwa das »Batznhäusl« in Bozen mit seinen geschmacksintensiven Kreationen und einer gut durchkomponierten *Corporate Identity* ganz in Malzbraun, die auch den Maibaum im Gastgarten einschließt: Der ist traditionell geringelt, aber nicht blau-weiß, wie in Bayern, sondern in den Farben Dunkelbier und Schaumkrone.

Eine lange Tradition und einen großen Namen, zumindest im eigenen Land, hat auch die Brauerei Laško in Slowenien. Ihr bekanntestes Bier ist das *Zlatorog*, benannt nach dem Sagentier des Triglav, des höchsten Gipfels des Landes, der als gewaltiges Massiv die Julischen Alpen beherrscht. Man sieht ihn von der Autobahn nach Ljubljana aus und natürlich von vielen Punkten in den Julischen Alpen. Ein schöner, stolzer, verlockender Berg! *Zlatorog*, »Goldhorn«, heißt in der Sage ein weißer Gamsbock mit goldenen Hörnern und wundersamen Kräften. Nach einer anstrengenden Tour, egal ob am Triglav oder als Kanufahrer in der azurblau leuchtenden Soča, scheint das flüssige Goldhorn ebenfalls Wunder zu wirken.

Eine Sorte probieren wir noch, dann wird es katholisch. Und zwar das Zillertaler Bier: Es hat ebenfalls einen Bock im Wappen, diesmal aber einen Steinbock. Die Brauerei besteht seit 1500; wer nach Mayrhofen fährt, sieht das neue Brauhaus aus Holz und Glas kurz vor der Unterführung bei Zell am Ziller. Statt des früheren, angenehm derben »Rampenverkaufs« am alten Sudhaus im Dorf gibt es nun ein 3000 Quadratmeter großes Besucherzentrum. Ein passendes Event gibt es auch: das Gauderfest am ersten Wochenende im Mai. Aber dazu mehr im nächsten Kapitel.

Events: Dirndl & Balkone

Die Feste zu Ehren des Dorfheiligen oder eines katholischen Feiertags sind von alters her Höhepunkte des Jahres, in vielen Orten bis heute. Sie waren die natürliche Bühne, wo sich »Manderleut« und »Weiberleut« einander zeigten, stolz oder gschamig, wo Fehden begraben (oder erneuert) und Verlobungen angebahnt wurden. In Tracht versteht sich – ein anderes Sonntagsgewand gab es ja früher gar nicht. Heute ist die Tracht kein bäuerliches Gewand mehr, sie hat den Weg in die Stadt gefunden, auf jedes Volksfest landauf, landab und natürlich auch aufs Oktoberfest. Da scheinen inzwischen flatterhafte Fernostfummel zu überwiegen, bestens geeignet, zeigefreudige Trägerinnen mit starksprüchigen Kostümbauern zu verbandeln; aber es gibt auch die rein- und feinseidene Edelware oder die ehrwürdig schlichten Waschdirndl. Wie wichtig das Dirndl für Bierzelt-Bedienungen ist, zeigt ein Interview in der »Allgäuer Zeitung«, in dem die eher üppige Befragte allen Ernstes als »Balkonexpertin« vorgestellt wird:

*(Journalistin): »Und wie reagieren die männlichen Bier-
zeltgäste auf den Balkon der Bedienungen?«*

*(Bedienung): (lacht) »Es kommt schon ab und zu vor, dass
jemand sagt, ›schönes Dekolleté‹ oder sich einfach wegen
der Aussicht freut.«*

Ich bin mir nicht sicher, wie gendermäßig korrekt dieses
Interview ist, aber zum einen kommt »gut gefüllt« nicht
vor, und zum anderen sind es ja Frauen unter sich, die da
reden. Aber muss man es drucken?

Doch wir waren ja eigentlich beim Volksfest, und ich
habe versprochen, Ihnen vom Gauderfest in Zell am Ziller zu erzählen, das den größten Trachtenumzug Österreichs auf die Beine stellt, mit über 2000 Teilnehmern und
vielen, vielen Pferdegespannen. Der Kirchtag hat lange
Tradition: Schon vor Jahrhunderten trafen sich in Zell
nicht nur die Bauern des Tales vor der Frühjahrsfeldarbeit,
sondern auch Kaufleute und Händler von nah und fern,
aus Salzburg und sogar Venedig. Bereits 1428 wurde begeistert über das Fest berichtet. Italiener sind auch heute beim
Gauderfest zu finden, wenn auch nicht ganz so viele wie
beim Oktoberfest in München, das im Vergleich ja kaum
eine nennenswerte Tradition vorweisen kann, mit gerade
mal 175 Jahren. Außerdem fehlt in München inzwischen
ein ganz wichtiges Element der alpenländischen Feiern:
die »Bewerbe« oder Wettbewerbe, um im Hochdeutschen
zu bleiben.

Beim Gauderfest gab es die auch für die Tiere: Wid-
derstoßen, Kuhstechen oder Hahnenkampf. Der Sieger erhielt die besten Weiderechte. Aber dies ist Vergangenheit,
ebenso wie das Fingerhakeln, das Kegeln und Scheiben-

schießen. Noch gepflegt wird das Ranggeln der jungen Burschen, bei dem es wie früher um Ruhm und Ehre geht, und sicher auch um die Gunst der Dorfschönen (obwohl die in früheren Zeiten gar nicht zuschauen durften – es hätte ja sein können, dass sie einen der Kämpfer mit heruntergerissenem Hemd sahen und vergaßen, die Augen niederzuschlagen). Leinenhemd und -hose sind heute noch Bedingung, weibliche Zuschauer zumindest geduldet, wahrscheinlich sogar erwünscht. Statt der traditionellen Wettkämpfe wird den zahlreichen Besuchern heutzutage ein Gauder-Sechskampf geboten, der eher ein Gaudi-Sechskampf ist: Bierfassrollen, Baumstammwerfen, Seilziehen, Fassdaubenrennen, Bierkistenkraxeln, Armdrücken. Nun ja. *A so a Gaudi*!, möchte man da ausrufen – und daran erinnern, dass das Fest nach der Gauder-Flur heißt, nicht nach dem Vergnügen. Ernst wird es dann auf jeden Fall am Sonntag, zuerst bei der Feldmesse mit der »Original Tiroler Kaiserjägermusik« und dem Kirchenchor und danach beim großen Festumzug. Einen solchen Umzug gibt es in vielen Alpengemeinden, mal aus alter Tradition, mal für die Touristen. Das Gauderfest liegt da genau dazwischen, denn es ist immer noch der Treffpunkt der Talbewohner, die stolz ihre Trachten tragen.

Kuhkämpfe gibt es heute noch im Wallis. In der Schweiz werden ja überhaupt eigene Bräuche gepflegt, auch eigene Sportarten. Zum Beispiel die eidgenössische Variante des Ringens namens »Schwingen«, das in eigenen Schwingerclubs ausgeübt wird. Hochdeutsch geprägte Menschen stutzen meist kurz und müssen zweimal hinsehen: Ja, das »CH« ist auch hier entscheidend. Auf den Autokennzeichen bedeutet es »Confoederatio Helvetica« und beim Sport Körpernähe mit Anstand. Der Eidgenössische

Schwingerverband (ESV), der »schwungvollste Verband der Schweiz« (Eigenwerbung) mit mehr als 50 000 Schwingerfreunden, verleiht alljährlich den Titel des Schwingerkönigs. Den Fans des Nationalsports gilt das Schwingen als identitätsstiftend. Ähnlich sehen andere Schweizer ihre Miss Schweiz. Was die beiden verbindet? Sehnsüchte! Die Schönheitskönigin der Saison 2013/14, Dominique Rinderknecht, sinnierte jedenfalls in der »Schweizer Illustrierten« darüber, dass »der Schwingerkönig und die Miss Schweiz eine Art Ersatz für die nicht vorhandene Königsfamilie« seien. Das ist gar nicht so weit hergeholt, sind doch immerhin 25 Prozent der Alpenländer Monarchien, die Fürstentümer Liechtenstein und Monaco. Beide haben jeweils rund 37 000 Einwohner. Liechtenstein umfasst 160 Quadratkilometer; Monaco gerade mal zwei – liegt dafür aber in bester Balkonlage über dem Mittelmeer und ist immer gut für Superlative.

Nur das weltgrößte Powder-Event haben sie nicht, die Monegassen. Davon muss ich Ihnen einfach erzählen. Sie können statt »Powder« gerne »Tiefschnee« lesen, dann sind wir schon beim Markennamen, den »ALPIN-Tiefschneetagen«. Ihr Geburtsort ist eine kleine Konditorei im alpenfernen Würmtal. Da saßen vor vielen Jahren ein kalkulationssicherer Skihersteller, ein trendwitternder Werbemann und ein kreativer Redakteur zusammen. Der Redakteur blickte sinnend auf die gegenüberliegende Fabrik für Auto-Standheizungen, dachte an Schneeflocken und klirrende Kälte und gebar die Idee einer Wochenendveranstaltung für Skitourenneulinge. Und zwar im März, bei sicherem Schnee, mit brandneuem Material der nächsten Saison zum Ausleihen, samt Kaufmöglichkeit nach der Testfahrt, mit Bergführern als Tourenguides, einem kundigen Sportgeschäft als Organisationspartner, und das Ganze in einem schneereichen Gebiet mit einer großen Auswahl an Skitouren. Und auch noch nah an München, das starke Tiefschneesehnsüchte hat. Ja, das klingt ein bisschen verrückt. War es auch – und ist es immer noch: als Erfolgsnummer sondergleichen. Mit inzwischen jeweils 700 Teilnehmern an zwei Events, die innerhalb von Stunden alle verfügbaren Plätze online buchen und alle Kühtaier und Ehrwalder Tiefschneehänge so gründlich zerpflügen, dass am Rand schon weinende Skitouren-Individualisten gesehen wurden: Die hatten nichtsahnend eine Tour geplant, um dann feststellen zu müssen, dass es für sie kein Pulver mehr gab. Zugegeben, das war ein wenig übertrieben, aber nur die beiden letzten Sätze. Alles andere ist die reine Wahrheit.

Bei anderen alpinen Events finden die Berge vor allem auf der Leinwand, auf der Bühne oder im Stadion statt. Lassen wir die nordischen und alpinen Skirennen beiseite, schielen wir nicht auf Skispringen und Biathlon, die erstaunliche Medienkarrieren hingelegt haben. Ich denke eher an Veranstaltungen wie den *International Mountain Summit IMS* in Brixen oder die Bergfilmfestivals.

Das Südtiroler Vorzeigefestival IMS ist aus einer Idee von Reinhold Messner hervorgegangen. Er wollte das traditionelle »Abklettern«, den rituellen Saisonabschluss der Kletterer, in einem größeren Rahmen wiederbeleben. Das Abklettern war in Vergessenheit geraten, weil heute ja ganzjährig geklettert wird – wenn nicht im Fels, dann im Eis. Zwei ebenso kreative wie energische Südtiroler, Markus Gaiser und Alex Ploner, stellten 2009 den ersten Berg-Gipfel auf die Beine, als wahres Großevent: ein ganzes Bündel von Vorträgen, Diskussionen, Sportveranstaltungen, Seminaren und Bergtouren mit Prominenten. Seitdem ist Brixen alljährlich im Herbst Treffpunkt der Bergszene, mit viel Presse, Prominenten und Bergprofis, aber auch vielen Einheimischen.

Das Internationale Bergfilm-Festival Tegernsee hat Michael Pause, bekannt als »der Mann von Bergauf-Bergab« beim Bayerischen Rundfunk, anno 2003 ins Leben gerufen. Es serviert eine große Vielfalt an Filmen, die es leicht macht, ein paar Herbsttage im dunklen Saal zu verbringen und wilde Mengen an Abenteuer und Sehnsucht zu konsumieren, statt bei Regen und fiesem Wind draußen herumzulaufen.

Skiorte mit feierfreudiger Klientel haben sich dagegen auf die Veranstaltung gewaltiger Popkonzerte verlegt, auf der Piste oder im Dorf und gratis. Das ist ein tolles Erlebnis, wenn vorn auf der Bühne Robbie Williams gegen Schneetreiben und Kälte ansingt, wenn die frierenden Zuschauer irgendwann die Kälte vergessen und das große Gemeinschaftsgefühl eines guten Konzerts erleben. Manchmal regt sich im Open-Air-Überschwang das unbehagliche Ökogewissen: Soll man das alles als pervers empfinden? Darf man einfach nur staunen? Vielleicht bezaubert gerade diese Mischung.

Am stärksten habe ich diese Ambivalenz bei »Hannibal« erlebt. Dieses nächtliche Spektakel auf dem Rettenbachferner oberhalb von Sölden ist genial und abartig zugleich – also wohl richtig große Kunst? Alle zwei Jahre zieht der karthagische Heerführer mit seiner Streitmacht und den Elefanten über die Alpen. Was war zuerst? Die PR-Idee, ein publikumswirksames Event auf die Beine zu stellen? Oder das Erstaunen eines kreativen Kopfs beim Betrachten einer Pistenraupe – die im Profil, mit dem ausgestreckten Kranarm, ziemlich verblüffend einem Elefanten ähnelt?

Inzwischen sind die Licht- und Sound-Effekte so ausgefeilt, dass einen der Tanz der Elefanten mühelos in die Wüste Nordafrikas entführt, wo urplötzlich auch der Himmel eingreift: Drachenflieger erscheinen als Götter, Fallschirmspringer mischen sich ins Gemetzel, und Flugzeuge lassen die eisige Bühne erdröhnen. Die Fäden im Hintergrund zieht der Softdrink-Konzern Red Bull.

So ein flüchtiges Event hinterlässt im Idealfall keine Spuren – außer vielleicht in den Seelen der Teilnehmer. Aber kehren wir von den Events zurück zu den Balkonen: An vielen Orten in den Alpen sind im 21. Jahrhundert besondere Aussichts- oder »Erlebnis«-Punkte entstanden: Skywalks, Glasbrücken über dem Abgrund oder Schausöller.

Im Skigebiet von Sölden ragt ein Steig zwanzig Meter in den Abgrund hinaus, und hoch über Garmisch-Partenkirchen wurden auf dem Osterfelderkopf an der Bergstation der Kreuzeckbahn gleich zwei Steige in das wilde Höllental hinausgebaut, die sich zu einem krummen »X« überkreuzen. Das »AlpspiX« löste gleich zur Eröffnung im Sommer 2010 eine heftige Diskussion darüber aus, ob die Bergwelt nur noch Kulisse im Tourismus sein dürfe statt Sehnsuchtsziel der Bergsteiger. Extremkletterer Stefan Glowacz nutzte die »Kulisse« zu einer großartigen Inszenierung des Protests, als er am Eröffnungstag ein Portaledge unter dem »X« installierte, also ein Hängebiwak, wie Bergsteiger es sonst in großen Wänden benutzen, wenn sie mehrere Tage unterwegs sind. Auf dem wackeligen Bett machte er es sich mit seinem Freund Jürgen Knappe gemütlich, während oben die Blasmusik den Festakt begleitete, und entfaltete ein Banner mit der Aufschrift: »Unsere Berge brauchen keinen Geschmacksverstärker.« Dazu erklärte er den Journalisten: »Fastfood-Attraktionen gehören nicht in die Natur!« Die Aktion wurde von der Naturschutzorganisation Mountain Wilderness mitgetragen und atmete so viel medienwirksame Empörung, dass sie vielfach gedruckt, gezeigt und gepostet wurde – und sicher viele Menschen neugierig gemacht hat. Die wollen auch einen Blick in den tausend Meter tiefen Abgrund tun, vor dem schönen Panorama des Werdenfelser Landes und nur fünfzig Meter zu Fuß von der Seilbahnstation.

Gläserner Grusel ist ohnehin en vogue. Einen »Schritt ins Leere« bietet die Aiguille du Midi auf 3842 Metern. Hoch über Chamonix kann man da von einer Glaskanzel aus dem Mont Blanc ins Auge, na ja, auf den Bauchnabel sehen und einen gruseligen Blick durch zwölf Millimeter Glas in 1500 Meter Tiefe genießen. Sechs Millionen Euro wurden investiert – aber das werden die Liftkarten sicher bald wieder einspielen.

Am Dachstein ist schon die Gondel, die einen hinaufbringt, zur Gänze verglast. Das erhöht die Vorfreude. Oben angekommen gibt es Abgrund satt: etwa den Aussichtsbalkon »Sky Walk« oder eine Hängebrücke über dem Nichts, in das eine Treppe hinunterführt. Das ist keine Übertreibung: Die vierzehn Stufen in die Tiefe werden genau so vermarktet, als »Treppe ins Nichts«. Sie endet auf einem verglasten Podest von der Größe einer Telefonzelle, mit hüfthohen Glaswänden und ganz viel Luft unter den Sohlen. Wozu das Ganze? Nun, den Werbetextern zufolge geht es hier um nichts weniger als »das Gefühl purer Freiheit für ganz Mutige«. Na dann. Wie sagt Luzi, die Heldin des Alpen-Westerns »Das finstere Tal«: »Die Freiheit ist ein Geschenk, das sich nicht jeder gern machen lässt.«

Nicht nur um die Aussicht geht es bei »Top of Tyrol« auf dem Großen Isidor (der Berg heißt so!) im Stubai.

Dabei ist der Rundblick auf 3210 Metern grandios, laut »GEO« sogar einer der zehn besten der Welt. Aber die Macher hatten offenbar bei der Planung einen noch weiteren Horizont vor Augen. Reinhard Klier, Vorstandsmitglied der Stubaier Gletscherbahnen, sagte zum Baubeginn 2008: »Wir möchten einen spirituellen Ort schaffen, an dem selbst gestresste Menschen Entspannung finden, ihre Gedanken schweifen lassen können und die unendlichen Weiten der Bergwelt genießen können.«

Ich spotte nicht über Worte oder Ideen der Touristiker, auch nicht über Menschen, die Angst davor haben, 500 Meter über dem Abgrund auf eine Glasscheibe zu treten – eher über die, die das nur für ihr YouTube-Album tun. Einem dieser Extrem-Abenteurer bin ich in Pfronten auf dem Breitenberg begegnet. Der Name »Breitenberg« klingt schon ganz anders als »Dachstein«, gemütlicher, nicht so steil. Wir sind hier nicht auf 2700, sondern nur auf 1200 Meter über Meer, und die Nordwand des Breitenbergs ist ein latschenbestandener Abhang und kein furchterregender Felsabsturz. Dennoch war der Mann, der mit mir zusammen den kleinen *Sky Walk* betrat, einen Ausleger aus Kellerschacht-Gitterrosten, recht vorsichtig. Er trug beige Buschkleider, eine taschenreiche Weste und einen ledernen Schlapphut. Taschenmesser und Handy baumelten an seinem Gürtel, vor dem Bauch hing ein GPS-Gerät und vor der Brust die schussbereite Spiegelreflexkamera. In der Hand hielt er einen Stock, den er sorgsam nach vorn streckte – aber es war kein Blindenstock. Erst beim genauen Hinsehen entdeckte ich die kleine Helmkamera an dem Stock; mit der filmte er sich – aber nicht etwa vor dem Abgrund. Er hielt sich vielmehr am Geländer des *Sky Walk* fest und filmte das sichere Terrain,

die sanften Wiesen der Hochalpe. Ein liebevoller Hobby-
filmer, dachte ich mir, der Rücksicht auf seine ängstliche
Frau oder Mutter nimmt. Aber dann wirbelte der Mann
plötzlich mitsamt seinem Kreativ-Stock um die eigene
Achse, und ich konnte mir gut vorstellen, wie sich die
Mutti im Sessel festklammern wird.

Ja, der gezielte und gespielte Schrecken gehört zu den
Alpen, seit sie touristisch erschlossen sind. Auch Aussichts-
türme spielen mit dem Wechsel von Weitsicht und Tun-
nelblick in die saugende Tiefe. Sie lockten seit der Mitte
des 19. Jahrhunderts Besucher an. In Deutschland war das
Modell »Bismarckturm« beliebt, vor allem nach Bismarcks
Tod 1898, sozusagen als Verbindung von Gedenkmonu-
ment und Aussichtsplattform, gerne auch in der Variante
»Götterdämmerung« mit Feuerschale auf dem Dach.

En vogue waren seinerzeit auch kühne Steiganlagen
durch wasserrauschende Schluchten. Da zog man Gewinn
aus dem *Horror monti*, aus der Furcht vor Bergen, vor Wild-
bächen und Klammen. Diese Steige waren wohl so etwas
wie begehbare Geisterbahnen, wild und gruselig. Kein
Wunder, dass einer der berühmtesten von einem Geistli-
chen angeregt wurde: Die Breitachklamm bei Oberstdorf
hatte als Teufelswerk gegolten, bis Dorfpfarrer Johannes
Schiebel darin eine »Meisterleistung göttlicher Schaffenskraft« sah. (Wollte Schiebel damit sagen, dass Gott auch
weniger meisterhafte, ja womöglich gar stümperhafte Leistungen seiner Schaffenskraft abgeliefert hat? Darüber muss
ich noch einmal in Ruhe nachdenken.) Der Herr Pfarrer,
der gerne in die Berge ging, ließ sich von Helfern in die
Schlucht abseilen und war so begeistert von den Wunder-
dingen in der Tiefe, dass er verkündete: »Die Klamm muss
erschlossen werden, koste es, was es wolle.« So gründete

er den Klammverein, eine Genossenschaft zur Finanzierung der Erschließung, die er auch als Hilfsaktion für die armen Allgäuer Bergbauern sah. Schon bald darauf, im Sommer 1904, begann ein Trupp Südtiroler Baumeister mit den Sprengarbeiten, und nicht mal ein Jahr später konnte der Herr Pfarrer erstmals durch die Klamm wandern. Das tat er noch oft, verbrachte er doch seinen Lebensabend in Tiefenbach; er starb 1963 mit fast 92 Jahren. Sein Werk ist wohl gottgefällig: Inzwischen kommen mehr als 300 000 Besucher pro Jahr.

Auch die beiden Schluchten in Garmisch-Partenkirchen wurden kurz nach 1900 für »die Fremden« erschlossen: die Partnach- und die Höllentalklamm, eine wilde Korkenzieherfolge von Stegen, Brücken und Tunneln. Egal wie heiß und trocken der Sommer ist – Sie werden auf jeden Fall nass! Unweit über der Klamm steht die Höllentalangerhütte, deren Neubau heftig umstritten ist.

Noch älter ist die nachhaltig segensbringende Schlucht der Walliser, die »Gorner Gorge« bei Zermatt, mit Steiganlagen aus dem Jahr 1886. Mutige können die bretterbelegten Eisenstege links liegen lassen und den oberen Teil der Schlucht auf einer Art Klettersteig durchqueren, also mit Drahtseilen, Leitern, Hängebrücken, Abseilstellen und Seilbahnfahrten. Das ist dann ein (Zitat Website Zermatt) »atemberaubender Adventure-Trip«, der nur mit den Bergführern des Alpin Centers Zermatt möglich ist: für 140 Franken in der Gruppe oder für 550 Franken mit Privatbergführer. Die Wildheit hat ihren Preis!

Wildnis: Nicht mehr so weit verbreitet

Man hat sie oft gesehen, die Fotoserien über die »anderen Alpen«, die »erschlossenen Alpen«, über das Menschenwerk im Gebirge. Fast zu oft – zumindest oft genug, um sich nicht mehr aufregen zu können. Über Baumaschinen im Gebirge, Öltanks an der Bergstation, Liftruinen im Grünen. *Sie* können sich immer noch aufregen? Das ist gut so! Denn eigentlich lieben wir alle die wilde Seite der Alpen. Die nicht so ohne Weiteres zu finden ist – zumindest nicht in Bayern, Tirol, Südtirol, sagen wir im Kernbereich der Ostalpen. Gerade das stachelt ja unsere Sehnsucht an, unsere Freude an der Wildnis, an der Natur, an der Idylle. Vielleicht befinden wir uns gerade in einer Phase des Übergangs – von der Empörung über die Umweltzerstörung in eine neue Spitzweg-Epoche, mit Funktionsjacken statt Sonnenschirmen zwar und mit Muskeln statt Bäuchen, aber nichtsdestotrotz harmoniebedürftig, naturliebend, heile-Welt-suchend.

Ein bisschen Grusel aber darf schon sein, etwa beim Stichwort »Gletscherrückgang«. Um den wahrzunehmen, brauchen wir die Hilfe von vergleichenden Fotografien, die das eisige Einst dem zerfließenden Heute gegenüberstellen. Eine solche fotografische Zeitreise in die alpine Eiswelt gewährt der Bildband »Gletscher im Treibhaus«: eine akribische Gegenüberstellung von aktuellen Fotos mit solchen, die vor achtzig oder hundert Jahren vom selben Standpunkt aus gemacht wurden. Das Vis-à-vis von Gletscher damals und Schotterwüsten heute ist schockierend. Wo führt das hin, fragt man sich?

Der Klimawandel ist da, keine Frage, und der Temperaturanstieg geht sehr viel schneller als erwartet. Andererseits war unser Klima nie konstant: Die letzte Eiszeit ist gerade 20 000 Jahre her, damals war die Durchschnittstemperatur acht Grad niedriger als heute; 2000 Meter dicke Gletscher wälzten sich durch die Alpentäler – wobei aber die höchsten Gipfel frei blieben. Zeuge einer warmen Phase der Erdgeschichte ist der »Mann vom Hauslabjoch« vulgo Ötzi, der auf einem damals meist schnee- und eisfreien Übergang vom Schnalstal ins Ötztal in gut 3200 Meter Höhe unterwegs war. »Damals« bedeutet ungefähr 3200 v. Chr. – und offenbar war Ötzi gegen Ende dieser Warmzeit unterwegs, sonst wäre er nicht vom Schneesturm zugedeckt und als gefriergetrocknete Mumie über fünf Jahrtausende hinweg konserviert worden. Erst um die Zeitenwende folgte die nächste Warmphase, das »Optimum der Römerzeit«. Es unterstützte die Expansion des Römischen Reiches über die Alpen nach Gallien, Germanien und England (und die Einführung des Weinbaus in diesen Provinzen), kehrte sich aber zum Ende der Römerzeit ins Gegenteil um: ins »Pessimum der Völkerwanderungszeit« der Jahre von etwa 400 bis 750. Einer wärmeren Periode von etwa 900 bis 1500 folgte die »Kleine Eiszeit« mit Kälteextremen in den Jahrzehnten um 1600 und um 1700. Denken Sie nur an Hendrick Avercamps Genrebilder von Schlittschuhläufern auf den holländischen Grachten – heute unvorstellbar! Daher laufen die Holländer ihre »Elfstädtetour« inzwischen auf dem Eis des Weißensees in Kärnten!

In den Alpen können wir die Spuren der kalten Phasen wie Jahresringe auf den Gletschern und in den Linien der Moränen erkennen, in jenen Schuttwülsten, die den Lauf der Gletscher begleiten – und von denen das Eis heute oft weit zurückgewichen ist. Ihren Höchststand hatten die Gletscher zwischen 1850 und 1860.

Wie so ein Gletscher funktioniert, erklären Schauhöhlen und Führungen ganz anschaulich, auch der reißerisch vermarktete »Natur-Eis-Palast« im Skigebiet von Hintertux. Ich muss gestehen, dass ich mich voller Zweifel für eine Führung angemeldet habe, nach dem Motto »ich als Bergsteiger inmitten der Flachländer«. In unserer Gruppe sind dann auch ein paar exotisch aussehende Reisende in modischen Stiefeln oder gar Sneakers, die erkennbar nur wegen des »Eis-Palastes« die Expedition mit drei aufeinanderfolgenden Seilbahnen namens »Gletscherbus« auf sich genommen haben und nun, angelangt auf mehr als 3000 Meter über Meer, nach Luft ringen.

Nach kurzem Warten und Anprobieren der gefährlich wirkenden Ausrüstung (Helme!) ist gleich das erste gewaltige Abenteuer zu bewältigen: ein kurzer Abstieg auf einem Trampelpfad im tiefen Schnee. Dann erst betreten wir einen kurzen Tunnel und durchschreiten das Portal in die eisige Unterwelt, eine wuchtige Eisentür, die Unbefugte wirksam fernhält. Bis dahin neige ich noch zu mild-arrogantem Spott – aber im Palast staune ich dann ebenso wie meine Gefährten, die überhaupt noch nie einen Gletscher gesehen haben, geschweige denn von innen. Und ich muss gestehen, dass ich nicht geahnt habe, wie schön das Innenleben so eines Gletschers ist. Ich hatte schon öfter in Gletscherspalten gelugt, angstvoll fasziniert, aber mir war nicht klar gewesen, dass Gletscherspalten nicht nur Risse im kompakten Eis sind, sondern sich zu Höhlen, Grotten und Kavernen erweitern, in denen die unglaublichsten Eiszapfen, Stalaktiten und Stalagmiten wachsen, ja wuchern. Und das Eis ist mal weiß und milchig-undurchsichtig wie Alabaster, mal glasklar, durchscheinend und glänzend wie feinster Bergkristall. Durch kleine, fensterartige Öffnungen blicken wir in dunkle Wunderkammern, aus denen sich im Licht der Taschenlampe Eisfinger, seltsame Fratzen und obszöne Gebilde schälen. Eine magische Welt, kalt und erstarrt, die wir auf Treppen, durch rutschige Gänge und über steile Leitern erkunden.

In der Tiefe liegt ein kleiner See, der nicht zugefroren ist, am Ufer das Schlauchboot, das die ersten Eishöhlenforscher benutzen mussten, um hier weiterzukommen – ein bizarres Bild in einer surrealen Traumlandschaft. Und plötzlich, nachdem wir lang genug durch das eisige und lebensfeindliche Labyrinth gestolpert sind, hat die »wissenschaftliche Abenteuerführung« (so die Website) ein Ende, und wir stehen schnaufend – der dünnen Luft und der Glücksgefühle wegen – vor der schweren Eisentüre und freuen uns über den Schneesturm, der uns empfängt und frische Luft um uns peitscht. Der Himmel ist nicht zu sehen, aber endlich wieder zu spüren, auch wenn wir im Flockenwirbel nicht so recht wissen, wo oben und wo unten ist. Der Trampelpfad verschwindet kurz vor uns im weißen Nichts. Aber Wind und Sauerstoff – das tut gut nach dem unterirdischen, nein untereisigen Höhlengewirr.

Oder war vielleicht doch der Gletscher selbst die Ursache für unsere Glücksgefühle und nicht die Freude darüber, den Höhlen entronnen zu sein? Paul Grüner, der Hüttenwirt der »Schönen Aussicht« im Schnalstal, der uns schon beim »Sex im Pool« begegnet ist, glaubt fest an eine stimmungsaufhellende und belebende Wirkung des Gletschers und verweist auf Schriften aus der Mitte des 19. Jahrhunderts, die dieses Phänomen beschreiben. So beobachtete der Arzt Georg Götsch anno 1864: »Der müde Reisende merkt schon bei den ersten Schritten auf dem nackten Gletscher, dass die Müdigkeit schwindet, dass ihm leichter und wohler wird.«

Noch plastischer wird Johann Nepomuk Mahl-Schedl von Alpenburg, der 1858 die Ötztaler Alpen erkundete: »Sobald griesgrame und verstummte oder einsilbige Fremde über die Ferner gingen, und auf die dicken Eispfade kamen, wurden sie alsbald munter und gesprächig, selbst ältere Leute sprangen lustig wie junge Buben.«

Die Kraft des Gletschers spürte auch der ebenso kreative wie geschäftstüchtige Paul. Schließlich hat er den Gletscher tagtäglich vor Augen, wenn er auf seiner Hütte weilt. Ihm fiel auf, dass im Frühjahr bei der Schneeschmelze pulvrige Ablagerungen auf dem Gletscher zurückblieben. Dieser feine Mineralsand müsse doch zu Höherem berufen sein, überlegte Paul, ließ ihn analysieren und probierte Crememischungen aus. Tatsächlich ist der Sand fein zerriebener Glimmerschiefer, der reich an fünf Elementen ist: Molybdän, Calcium, Strontium, Mangan und Magnesium. Warum die nun einen Anti-Aging-Effekt besitzen, ist mir nicht so ganz klar, aber ich bin weder Chemiker noch Kosmetiker, Verkäufer schon gar nicht – und sehe neben Paul ohnehin alt aus. Zumal dann, wenn er mir beiläufig erzählt, dass er die kommerzielle Verwertung seiner Gletscherkosmetik aus dem Erfolg eines anderen Projekts finanzieren könne, seines »Knödelkonzepts«, eine Art Anti-Fast-Food-Franchising-System.

Scheint also was dran zu sein an der Kraft der Gletscher. Blühen denn nicht auch die meisten Blumen, die am Rand des Gletschers wachsen, in ganz besonders kräftigen Farben? Womit wir den Bogen wieder zurück zur belebten Natur geschlagen hätten.

Damit es jetzt hübsch kontrovers wird, zitiere ich mein Heimatkundeheft der vierten Klasse, als Oberlehrer Schweiger uns diktierte:

Vor etwa achtzig Jahren noch machten **Bären** *unsere Gegend unsicher. (…) Der letzte Bär wurde 1881 bei Reutte erlegt.*
Der **Wolf** *war gefährlicher als der Bär. In Rudeln fiel er in die Dörfer ein und holte Haustiere. Am Grünten wurde 1827 der letzte Wolf erlegt.*
Der **Luchs** *war das gefährlichste und blutgierigste Raubtier. Im Jahre 1820 wurde bei Pfronten der letzte Luchs erlegt.*

(Die Jahreszahlen sind im Original in rosa Filzstift geschrieben, und beim Umblättern fällt der Blick auf eine eingeklebte Postkarte, die eine Fünfzigerjahre-Schönheit mit hoher Haartracht im Ruderboot vor Schloss Hohenschwangau zeigt. Aber das hatte wohl nichts mehr mit dem Thema Raubtiere zu tun).

Bei dieser Prägung, so viel dürfte klar sein, fällt es mir schwer, diese drei Tiere nicht mehr als »Raub«tiere zu sehen und ihre Wiederansiedlung in den dicht bevölkerten Tälern der Zentralalpen anders als mit Skepsis zu betrachten. Denn ich erinnere mich noch gut, wie wir Viertklässler uns gruselten, als Oberlehrer Schweiger von den schrecklichen Raubzügen dieser blutgierigen Tiere erzählte, und wie froh wir waren, dass sie ausgestorben oder vielmehr ausgerottet waren, sodass wir ohne Furcht in den Wald gehen konnten (nachdem man uns eingeschärft hatte, Waffen des noch gar nicht so lang vergangenen Krieges nicht anzurühren).

Ich weiß, das sind vergangene Zeiten – die Worte »Umweltschutz« oder »Energiesparen« waren unbekannt. Dafür waren die alten Märchen allzeit präsent und lebendig, der böse Wolf in »Rotkäppchen« oder der freundliche Brummbär in »Schneeweißchen und Rosenrot«. Der darf bei den beiden Mädchen überwintern und brummt bei zu heftigen Liebkosungen: »Lasst mich am Leben, ihr Kinder. Schneeweißchen, Rosenrot, schlägst dir den Freier tot.« Nach einigen Abenteuern kann er eine der Schwestern freien (die andere bekommt seinen Bruder). Also doch ein Guter, der Bär? Nun, so einfach ist das nicht, wie »JJ1« zeigte, der als »Bruno« bekannt wurde. Dieser Jungbär wanderte im Frühjahr 2006 aus dem Trentino, wo ein Projekt zur Wiederansiedelung läuft, nach Bayern und ließ die übliche Scheu vor Menschen und ihren Siedlungen vermissen. Statt sich lebend fangen zu lassen, riss er Schafe, woraufhin ihn die bayerische Staatsregierung als »Problembären« zum Abschuss freigab. Inzwischen darf sich der ausgestopfte »Bruno« im Münchner Museum Mensch und Natur auf immerdar über (ebenfalls ausgestopfte) Bienen und ihre Waben hermachen, ganz unblutig. Ein fast schon veganer Bär wird da gezeigt, kein Monstrum. So die Absicht der Museumsmacher.

Ist dieses Kapitel eine Streitschrift gegen wilde Tiere in den Alpen? Nein, das soll es nicht sein – es gibt genug wilde und entvölkerte Täler im Südosten oder Südwesten des Alpenbogens, in denen Platz genug sein sollte für das eine oder andere Wolfsrudel und ein paar (hoffentlich freundliche oder zumindest furchtsame) Bären. – Und vielleicht siedeln in den Alpen bald wilde Flamingos? Im Frühjahr 2013 sah es jedenfalls fast so aus – da erschienen auf dem Allgäuer Forggensee plötzlich fünf Exemplare dieser eleganten Vögel und fühlten sich zwischen Schwänen und Enten sichtbar wohl. Das Medienecho war gewaltig, fast dschungelcampmäßig. Die Experten des Landesbundes für Vogelschutz sahen die rosa Fremdlinge aber gelassen: Sie seien »Gefangenschaftsflüchtlinge«, also Ausreißer aus einem Zoo, und würden sich nicht dauerhaft ansiedeln – so weit sei es mit dem Klimawandel noch nicht gekommen.

Vorerst werden also weiterhin Murmeltiere die Alpen bevölkern, nicht Tapire oder Meerschweinchen. Zum Glück, denn die Murmeltiere brauchen wir, wenn uns etwas weh tut. Ich zumindest schmiere gerne Murmeltierfett auf schmerzende Gelenke. Und nehme in Kauf, dass manche Freunde über meine vermeintlich esoterische Neigung spotten. Die haben keine Ahnung! Sie wissen nicht, dass der alte Volksglaube eine wissenschaftliche Basis hat. Denn Murmeltiere fressen nicht alles, sondern sind Feinschmecker und bevorzugen Blumen und Kräuter mit einem hohen Anteil an Linolsäure, einer mehrfach ungesättigten (essenziellen) Fettsäure, wie Alpenklee, Labkraut, Alpenwegerich und Bergwegerich. Dank der ungesättig-

ten Fettsäuren können die Murmeltiere auch dann überleben, wenn ihre Körpertemperatur beim Überwintern
auf drei Grad absinkt. Diese Fette konzentrieren sich im
»Speck« der Tiere, der nicht als Schwarte außen die Hüf-
ten umschließt wie bei manchem Zweibeiner, sondern in
der Bauchhöhle die inneren Organe umhüllt – als Schlaf-
zehrung und zusätzliche Isolation. Außerdem enthält das
Fett der Murmeltiere viel Vitamin D und E sowie acht verschiedene Kortikoide.

Friedl Geisler, der Wirt des Krimmler Tauernhauses auf
1631 Metern, kennt sich mit Murmeltieren und ihrer Heil-
wirkung besonders gut aus. Aber schrieb ich Wirt? Das
stimmt zwar, aber nicht ganz. Denn Friedl ist nicht nur
Hüttenwirt, sondern auch Landwirt und Jäger. Er schlach-
tet und wurstet selbst, buttert und käst in der eigenen Sen-
nerei und ist stolz auf seine Tischlerwerkstatt, in der er
Möbel baut und Schalen drechselt, »wenn mir langweilig
ist«. Sein Anwesen halten viele Besucher für eine Alm, aber
das täuscht: »Wir *leben* hier«, erklärt Friedl, »Mensch und
Vieh. Das ganze Jahr über. Auch bei drei Meter Schnee.«

Wie man mit den tierischen Nachbarn in ihren Höhlen
umgeht, hat Friedl von Vater und Großvater gelernt: jagen, essen, vielfältig verwerten. Wie das eben die Selbst-
versorger-Bauern in den Alpen seit Jahrhunderten, wenn
nicht seit Jahrtausenden machen. Und was sagen die Naturschützer? Friedl lacht: »Die sollen mal mein Silvester-
menü probieren!« Da serviert er Murmeltier: »Das Fleisch
schmeckt aber recht erdig, das muss ich einige Zeit in
Milch einlegen.« Murmeltiere stehen nicht generell unter
Schutz, sondern dürfen im Land Salzburg von Mitte August bis Mitte Oktober gejagt werden. Da das Krimmler
Tauernhaus im Nationalpark Hohe Tauern liegt, ist die

Jagd allerdings reguliert: Fünf bis sieben Murmeltiere darf Friedl alljährlich im Spätsommer schießen, wenn die Tiere rund und dick sind. Und das Fett? Davon gibt jedes Tier etwa einen halben Liter; ausgelassen wird es in Cremes und Salben verarbeitet, die man dann auf der Hütte oder in den Apotheken im Tal kaufen kann. Heilkundigen Freunden verehrt Friedl schon mal ein Fläschchen reines Öl, mit verschwörerischem Blick und der strengen Ermahnung: »Vorsichtig damit, nicht zu oft anwenden: Sonst erweicht es die Knochen!«

Besonders zutrauliche Murmeltiere leben am touristischen Brennpunkt der Großglockner-Hochalpenstraße, der Franz-Josefs-Höhe. Die dicken Nager warten ein paar Stockwerke unter den Aussichtsbalkonen auf Futterspenden. Vielleicht muss man das Märchen von Feldmaus und Stadtmaus bemühen, um zu verstehen, warum die einen die Nähe des Menschen suchen und von seinen Gaben leben, während die wilden und kühnen Artgenossen weiter oben ein karges, aber freies und unabhängiges Leben führen. Oberhalb von Zermatt bin ich einem Herrn begegnet, der eine Familie von Murmeltieren mit Gelben Rüben handzahm gefüttert hatte. Die Tiere lebten sehr komfortabel an der *Zermatter Tafel* mit Blick auf Dorf (oder muss man sagen Stadt?) und Berg und ließen sich sogar streicheln, wenn man sich ohne Hektik an sie heranrobbte.

Naturschutz ist *das* nicht, so viel ist klar – aber bei der Vielzahl von Schutzgebieten und -kategorien fällt es manchmal schwer, den Überblick zu bewahren. Da gibt es Naturparks, Wildschutzgebiete, Gebiete mit Lizenzzwang zum Pilzesuchen, Nationalparks und das UNESCO-Weltnaturerbe. Und dann etliche NGOs, Naturschutzverbände und unabhängige Vereine, deren Ziel der Schutz und die

Bewahrung der Alpen ist, Organisationen wie Mountain Wilderness oder (seit 1952) die Internationale Alpenschutzkommission CIPRA. Geht es darum, ein Gebiet zu schützen, dann ist »Naturpark« sozusagen die Einstiegskategorie: Das Gebiet wird vor Veränderungen durch Straßen und Bauwerke bewahrt, kann aber nachhaltig bewirtschaftet werden und steht dem Tourismus einigermaßen offen. In den deutschen Alpen gibt es nur den Naturpark Nagelfluhkette in den Allgäuer Alpen, an dem Bayern und Vorarlberg ihren Anteil haben.

Strenger sind die Regeln in einem »Naturschutzgebiet« wie dem Ammergebirge zwischen Schwangau und Oberammergau oder den Isarauen zwischen Schäftlarn und Bad Tölz mit der Pupplinger Au, einem wilden Stück Kanada mitten in Oberbayern. In diesen Gebieten ist die wirtschaftliche Nutzung eingeschränkt, auch der Tourismus muss stärker hinter dem Schutzgedanken zurücktreten.

Im Nationalpark Berchtesgaden, dem einzigen in den deutschen Alpen, sollte man noch strengere Regeln erwarten, aber die entsprechende Verordnung aus dem Jahr 1978 hatte ein sinnvolles Gleichgewicht von Schutz und Tourismus im Auge und legt als Zweck des Nationalparks fest, nicht nur »die gesamte Natur zu schützen«, sondern auch, sie »zu Bildungs- und Erholungszwecken zu erschließen«. Daher gibt es kein striktes Wegegebot (sonst wäre ja die ganze Watzmann-Ostwand tabu), aber Bootfahren auf dem Königssee ist verboten.

Weniger willkommen sind Touristen im Schweizer Nationalpark. Da gibt es auf 170 Quadratkilometern gerade mal achtzig Kilometer erlaubte Wege, und von 47 Gipfeln darf nur ein einziger bestiegen werden, der Piz Quattervals (3165 m). Klar und konsequent, diese Maßnahme. Und wohl auch ein Grund dafür, dass dieser Nationalpark seit mehr als hundert Jahren der einzige der Schweiz geblieben ist. Ein zweiter ist nicht wirklich in Sicht, beim »Parc Adula« rund um die Greina-Hochfläche in Graubünden dauert der Widerstreit zwischen Naturschutz, Jagd, Landwirtschaft und Tourismus an.

Das Prädikat UNESCO-Weltnaturerbe tragen vier Gebiete in den Alpen – und ich bin sicher, dass Sie höchstens zwei erraten, nämlich die Jungfrau-Aletsch-Region als »Top of Europe« mit Millionen von Besuchern aus aller Welt und die Dolomiten. Aber wären Sie auf den Monte San Giorgio am Luganer See oder das tektonische Gebiet Sardona in den Schweizer Kantonen Glarus, St. Gallen und Graubünden gekommen? Deutschland und Österreich sind nicht vertreten; das Salzkammergut mit Hallstatt und Dachstein gilt als Kulturerbe.

Die Dolomiten wurden 2009 zum Naturerbe erklärt. Der Schutz ist hier kompliziert: Es gibt kein geschlossenes, klar umrissenes Gebiet, sondern neun Teilgebiete in fünf Provinzen, die zu drei politischen Regionen gehören. Was für eine Aufgabe! So wurde die Stiftung »Dolomiten UNESCO« gegründet, deren Vorsitz wie bei der EU-Ratspräsidentschaft nach strenger Regel wechselt: »Die Entsandten der einzelnen Provinzen übernehmen den Vorstandsvorsitz in einem dreijährigen Turnus in alphabetischer Reihenfolge der Provinznamen.«

Die *Fondazione Dolomiti Dolomiten Dolomites Dolomitis* ist schon rein sprachlich ein sperriges Gebilde, was auch im Logo der Stiftung zum Ausdruck kommt: Vor der *Enrosadira*, dem sagenhaften Alpenglühen, stehen vier Drei-Zinnen-ähnliche Bergspitzen für die vier Sprachen Deutsch, Italienisch, Ladinisch und Friulisch. Ihre Aufgabe erklärt die Stiftung so: »Wir brauchen eine neue Form von Tourismus, nämlich eine, die die Sensibilität des Naturraums genauso wie das Gleichgewicht und die Bedürfnisse der Bevölkerung berücksichtigt.« Das kann man gelten lassen, wenn es denn so gemeint ist, wie es niedergeschrieben wurde. Wenn es dafür sorgt, dass genug Platz für alle ist. Für die Natur, aber auch für Kunst und Kommerz.

Menschenwerk: Land-Art und Erlebniswelten

Die Kunst und der Kommerz – beides hat Tradition in meiner Heimat am Fuße des Ammergebirges. Schließlich ist hier die romantische Inszenierung von gleich drei Schlössern am Fuß der hoch aufragenden Berge zu bewundern. König Ludwig II. sah Neuschwanstein als seinen Gral: »Der Punkt ist einer der schönsten, die zu finden sind, heilig und unnahbar.« Da geht es nicht um die Architektur allein, sondern um die Gesamtwirkung von Burg und Berg, von Marienbrücke und den ebenen Wiesen davor. Aus denen ragt das i-Tüpfelchen auf dem Panorama: ein kleiner Felsbuckel wie ein Meteorit, auf dem Schloss Bullachberg horstet. Das entstand allerdings erst nach Ludwigs Tod und wurde lange Zeit von einem Zweig der Familie Thurn und Taxis bewohnt.

Darüber blickt Schloss Hohenschwangau auf die Ebene herab, und nun nähern wir uns allmählich der Land-Art der Wittelsbacher. Es war nicht nur König Ludwig II., der gerne ausschweifend baute, auch sein Großvater Ludwig I. war als Bauherr nicht eben kleinlich: Er ließ München aus dem mittelalterlichen Mauerring springen, legte den Grundstein zur Großstadt von heute, mit Ludwigstraße, Universität, Pinakotheken, Königsplatz, Feldherrnhalle (nach dem Vorbild der Loggia dei Lanzi in Florenz) und Residenz (ein Abbild des Palazzo Pitti in Florenz). Als er 1848 wegen seiner Affäre mit Lola Montez abdanken musste, nahm sein Sohn Maximilian II. die Münchner Bauleitung in die Hand (Bilder der Bauherren samt Höflingen und Künstlern hängen etwa in der Neuen Pinakothek). Ihm verdanken wir das Maximilianeum, den Sitz des Bayerischen Landtags am Ende der Maximilianstraße; und eben Schloss Hohenschwangau: die goldene Krone des Drachens. So jedenfalls sehe ich den Höhenrücken zwischen Schwansee und Alpsee aus halber Höhe des Tegelbergs, und ich bin mir sicher, dass die Wittelsbacher, die durchaus Bergsteiger waren, diese Phantasie auch hatten.

Schon als Prinz, mit gerade mal 21 Jahren, hatte Maximilian im Jahr 1832 die mittelalterliche Ruine an dieser Stelle gekauft, um sie in ein neugotisches Schloss zu verwandeln, in ein spektakuläres Refugium. Die Planungshoheit übertrug er keinem Architekten, sondern dem Theatermaler Domenico Quaglio, seinem Zeichenlehrer. Der verausgabte sich dabei so sehr, dass er auf der Baustelle tot umfiel, ehe er sich an seine Paradeaufgabe machen konnte, die Ausmalung des Schlosses. Das übernahmen dann andere Künstler, etwa Moritz von Schwindt. Egal, der Vater des Bauherrn, also Ludwig I., war hingerissen: »Lieber Max, Hohenschwangau ist ein wahres Feenschloss!«

Max' Sohn, der spätere König Ludwig II., verbrachte hier die Sommer seiner Kindheit und Jugend – kein Wunder, dass er schwermütig wurde in dieser Welt voller düsterer altdeutscher Sagen. Bausüchtig wurde er auch: Ein Glück, dass sich auch für ihn mittelalterliche Ruinen fanden, Vorder- und Hinterhohenschwangau, auf deren planierten Resten das monumentale Neuschwanstein entstehen konnte, das blass und arrogant auf das Schloss des Vaters herabblickt.

Der Kommerz hielt in Neuschwanstein schon sechs Wochen nach dem Tod des Märchenkönigs im Starnberger See Einzug. 1886 war das, drei Jahre später wurde die Eisenbahnlinie nach Füssen fertiggestellt, und so nahm der Besucherstrom stetig zu. Der Wunsch des Bauherrn: »Bewahren Sie diese Räume als Heiligtum, lassen Sie es nicht profanieren von Neugierigen!« kümmerte niemanden. Inzwischen verzeichnet Neuschwanstein knapp 1,4 Millionen Besucher – pro Jahr, wohlgemerkt!

Dem Geiste Ludwigs folgend empfehle ich Ihnen, weder auf dem steilen Waldweg aufzusteigen noch mit der Kutsche zu fahren (»*How lovely*«), sondern durch den Ort Hohenschwangau am Gymnasium vorbei zur Gipsmühle zu gehen und den Weg durch die Pöllatschlucht zu nehmen. Stellenweise geht es gischtnah auf Steigen am Fels entlang, immer die Marienbrücke im Blick. Das Schloss zeigt sich spät, erst ganz weit oben taucht es zwischen den Bäumen auf wie eine Erscheinung. So hat Ludwig den Gral gemeint, so und nicht anders.

Aber keine Wagner-Oper ohne Fortissimo, und sobald wir den Hauptweg zum Schloss erreichen, sind wir mittendrin. Ein mürrischer Lohengrin mit Schoßhund wandert neben uns, eine Orientalin im schwarzen Ganzkörperschleier schwebt vorüber, und die mitteleuropäische Walküre im transparenten Kleid zeigt alles, was sie hat.

Nun ja, fast alles. Rhythmischen Wellengang allemal. Ach, Ludwig, lieber Ludwig!

Am Aussichtspunkt »Jugend« stehen alle stumm nebeneinander wie bei der Applausprobe und staunen: Der Blick geht über die Seen und den englischen Park, gerahmt von den ernsten, aber nicht feindselig wirkenden Tannheimer Bergen dahinter. Auf der Marienbrücke ist das Gedränge global. Menschen jeder Hautfarbe, Herkunft, Zunge fotografieren sich gegenseitig, manchmal auch das Schloss oder einen Einheimischen in Tracht, der dafür ein geringes Entgelt verlangt. Jenseits der Brücke steigt schroff und wild der Tegelberg auf: Das ist nichts für die meisten Halbschuhtouristen. Je höher wir steigen, desto ruhiger wird es, desto mehr erschließt sich das Wesen dieser gestalteten Naturlandschaft. Dass der große Forggensee ein Stausee aus den Fünfzigerjahren ist – wen stört's? Nehmen wir auch ihn als ein Stück Land-Art.

Nicht nur als Bauplatz lieben Künstler die Alpen, auch als dreidimensionale Leinwand, als Raum für die eigene Phantasie. Da gibt es den Briten Simon Beck, der »Kunstschnee« schafft. Mit Schneeschuhen stapft er gewaltig große geometrische Muster in den Schnee, die nur von Seilbahnen oder von höher gelegenen Pisten aus sichtbar sind. Er bevorzugt Muster der fraktalen Geometrie, die mit ihrer strengen, grafischen Logik bezwingen. Gerade ihrer Flüchtigkeit wegen, weil sie so anfällig sind für Wind und Schneefall, für verquere Wärmeeinbrüche und für querende Freerider.

Das »Horizon Field« von Antony Gormley ist ein anderes Beispiel für Vergänglichkeit, auch wenn es ursprünglich massiv und geradezu ewig wirkte. Es wurde im Sommer 2010 eröffnet und zwei Jahre später wieder abgebaut (länger war es nicht zu finanzieren): insgesamt einhundert identische Skulpturen, lebensgroße, nackte Ebenbilder des Künstlers, aus Eisen gegossen, jede 650 Kilogramm schwer. Sie verteilten sich auf ein riesiges Gebiet, auf 150 Quadratkilometer im Bregenzer Wald und am Arlberg. Alle Eisenmänner standen exakt auf gleicher Höhe, auf 2039 Metern, egal wie unwirtlich das Gelände an diesem Punkt auch war. Wer sie aus der Nähe sehen wollte, der konnte manchmal bequem hinwandern, manchmal ging es wild querfeldein, manchmal schien die Figur ganz unzugänglich. Jede schaute zu einer anderen, aber niemals schauten sich zwei direkt an. Ihre Schar zog sich von Schröcken im Bregenzer Wald über Warth bis Lech und Stuben.

Sie bildeten etwas ab, was jedem Bergsteiger vertraut ist, obwohl eigentlich unsichtbar: eine Höhenlinie. Das sind die braunen oder grauen Linien, die auf topografischen Karten Punkte gleicher Höhe verbinden. Sie geben wichtige Informationen, denn aus dem Abstand der Höhenlinien ersehen wir die Steilheit des Geländes und damit die zu erwartende Anstrengung oder die Lawinengefahr. Aber sie existieren nicht in der Natur; Höhenlinien sind etwas Virtuelles, vom Menschen Erdachtes, rational und doch zutiefst magisch wie der Greenwich-Meridian oder der Polarkreis. Bei dem klingt schon der Name wie ein Lockruf der Ferne, zumindest auf Finnisch: Napapijri heißt er da, und das hört sich wiederum für die Italiener so zauberhaft nordisch an, dass die gleichnamige Outdoor-Bekleidungsmarke gute Geschäfte macht. Am norwegischen Polarkreis steht ebenfalls eine Skulptur von Antony Gormley, der Havmannen, der »Mann im Meer« im Ranfjord vor Mo i Rana. Andere Gormleys standen schon in der Nordsee, in der Wüste und auf Hochhäusern in New York (dort vermuteten Passanten einen Selbstmörder und riefen die Polizei).

Die hundert Helden der Höhenlinie 2039 bevölkerten die Berge mit einer eigenartigen Rhythmik. Wer sich einem Eisenmann genähert hatte, wusste einen zweiten in Sichtweite, manchmal auch zwei oder mehr. Sie zwangen uns, genau hinzusehen, die Landschaft zu erfühlen, die Natur intensiv aufzunehmen. Der Kontakt mit den Männern aus Eisen war ganz eigenartig. Berührend, eindrücklich. Warum Antony Gormley sie in die Alpen stellte? »Sie sollen uns als Menschen etwas stiller machen«, erklärte der damals sechzigjährige Künstler bei der Eröffnung.

Sally Matthews gelingt etwas Ähnliches, allerdings stellt sie nicht Menschen, sondern Tiere in die Landschaft. In dem Kunst-Tal *Arte Sella* im Trentino bin ich ihrem Wolfsrudel begegnet. So echt wirkt es in Haltung und Gebaren, dass jeder zusammenzuckt – wenn ich meine Fotos zeigte, kam fast immer die besorgte Frage: »Wölfe – so nah?« Die Urängste vor dem Wolf sind offenbar auch in uns Zivilisationswesen noch lebendig.

Es war tiefer Winter, als ich mit meiner Frau im Val di Sella auf Wolfspirsch ging. Ich spürte Spannung in mir. Im unberührten Schnee zeigten sich ein paar Tierspuren, doch war es ganz still. Aber neben mir schien sich etwas zu bewegen. Ich blieb stehen. Nein, da war nichts. Ich stapfte weiter, vermeinte wieder etwas im Augenwinkel wahrzunehmen. Ich verharrte wieder, spähte genauer. Doch, da waren zwei düstere Silhouetten, weiß beschneit, kaum wahrzunehmen. Das eine Tier verhielt den Schritt, so wie ich, das nachfolgende beugte sich nach vorne. Aber es waren keine Wölfe, es waren Wildschweine. Dunkelgrau und erdfarben, wirkten sie unglaublich natürlich.

Und die Wölfe? Dort in der Nähe des verschilften Weihers mussten sie sein, das wussten wir aus dem Plan – aber wo? Ein paar Schritte bergauf: da!

Ein kleines Rudel stand über uns im Wald, und obwohl wir sie gesucht hatten und ziemlich genau wussten, wonach wir Ausschau hielten, bin ich doch erschrocken, plötzlich so nah vor ihnen zu stehen. Wirkten da Oberlehrer Schweigers Lektionen über die blutrünstigen Raubtiere der Alpen nach? Oder rührten sich tief unten im Unterbewusstsein nistende Warninstinkte?

Langsam stiegen wir zu den Tieren hinauf. Eine dünne Schneeschicht lag auf ihren Rücken, zeichnete schmelzend dunkle Spuren auf den hellen Zement und tropfte aus ihrem filzigen Schafwollfell. Die Wölfe wirkten durchnässt, schienen zu frieren, und auf dem Foto kuschelt sich einer geradezu an meine Frau, die ihn vorsichtig streichelt. Wie sagt Sally Matthews: »In Großbritannien gibt es keine Wölfe mehr, es gibt keinen Lebensraum mehr für sie, es gibt keinen Platz für ›sie‹ und für ›uns‹. […] Muss es immer ein ›sie‹ und ›uns‹ geben? Meine Arbeit besteht darin, die Tiere ins Bewusstsein der Menschen zu rufen, auf diese Weise hoffe ich, dass die Menschen sie erneut in ihrem Leben möchten.«

Der weitläufige Skulpturengarten von *Arte Sella* ist kein Museum, sondern ein Landschaftserlebnis. Die Kunstwerke leben hier mit der Natur. Auch ihre Vergänglichkeit ist eingeplant, denn sie bestehen aus Naturmaterialien und sind damit biologisch abbaubar – genauso wie die medizinischen Hightech-Teile, mit denen sich *Arte-Sella*-Direktor Giacomo Bianchi in seinem früheren Leben als Ingenieur beschäftigte. Inzwischen hat sich der leidenschaftliche Mittdreißiger ganz der Kunst hingegeben. Jeden Sommer lädt er drei Künstler ein, ihre Werke in die Landschaft einzubetten – und sich darauf einzustellen, dass diese Werke nach einigen Jahren verschwunden sein werden.

Das filigrane Sonnenrad aus Fichtenstammstücken von François Lelong wird dieses Schicksal bald ereilen, während das steinerne »Zimmer des Himmels« von Chris Drury, eine Camera obscura in einem Kuppelgebäude, das an apulische Trulli oder sardische Nuraghen erinnert, fast schon ewig wirkt.

Das bekannteste und spektakulärste Werk von *Arte Sella* ist die »Pflanzenkathedrale« von Giuliano Mauri: Achtzig »Säulen« aus luftig geflochtenen Holzteilen formen auf einer Fläche von fünfzehn mal 82 Metern drei »Kirchenschiffe«. Die Säulen sind zwölf Meter hoch, in ihrem Inneren wachsen gut geschützt junge Weißbuchen. Die fangen gerade an, sich über das stützende Geflecht hinauszurecken und sich zu belaubten Gewölben zu schließen. Und die Stützkonstruktionen werden irgendwann verfaulend zusammenbrechen. Was für eine schöne Idee!

Arte Sella ist zu einem Besuchermagneten geworden, 50 000 Menschen kommen inzwischen im Jahr. Das Val di Sella, ein langes Seitental des Val Sugana, war in einen Dornröschenschlaf gefallen, nachdem Almen und Sommerfrische-Quartiere aufgegeben wurden. Die Kunst hat den Tourismus wiederbelebt – und etliche Arbeitsplätze geschaffen!

Diese Balance von Natur und Kunst, von Ökonomie und Ökologie ist rar. Meist geht es ja auch nicht um Kunst, sondern ums Geldverdienen mit kreativen Mitteln. Dazu gehören alle Arten von Spielplätzen, für Große und für Kleine. Erlebniswelten für Kinder – aber auch gewaltige designte Skiresorts. Die ersten Pisten entstanden in Waldschneisen oder auf Ziehwegen. Später wurde dann gerodet, doch folgte man dabei Linien, die einfach und logisch waren und die viel Fahrfreude versprachen. Gute Pistenbauer erspüren die Piste im Bergwald wie ein Bildhauer die Skulptur im Steinblock (Michelangelo über seinen berühmten David: »Ich musste nur das Überflüssige wegschlagen.«). Wenige Bäume mussten fallen, um abwechslungsreiche Strecken zu schaffen, in kupiertem Gelände, über Kuppen und durch Mulden, mit Kurven und Geraden, Steilstücken und flachen Abschnitten.

Solche Strecken sind heute rar. Gefragt sind vielmehr breite »Autobahnen« mit weiten Kurven und gleichmäßiger Hangneigung – und die bloß nicht quer zur Fahrtrichtung! Ob diese rasanten Geraden weniger unfallträchtig sind als unberechenbare, kurvige Pisten, die man auf Sicht fahren muss? Die Sportabfahrt in Zell am Ziller ist ein Beispiel für eine altmodisch »natürliche« Piste, auch die Talabfahrt am Ahorn in Mayrhofen. Dass es die noch gibt, erstaunt angesichts der Perfektion der Tourismusmaschine Zillertal. Nur ein Golfplatz fehlte hier lange Zeit. Die Hänge waren zu steil, die weiten Wiesen im Talboden zu eben für den rechten Spielgenuss. Aber dann wurde auch dieses letzte Manko behoben: Bei Uderns ist für die Golfer eine Hügellandschaft entstanden, mit achtzehn phantasievollen Bahnen auf 65 Hektar. Schöpfer ist eine örtliche Bauunternehmerfamilie: Die fing vor langer Zeit mit einem Skilift an und betreibt inzwischen mehrere Bahnen, Skigebiete und Hotels in Tirol und Kärnten. Und da war wohl etwas Kies übrig, für die Hügel um die Löcher.

In Serfaus-Fiss-Ladis, etwa 150 Kilometer den Inn aufwärts, setzen die Tourismusstrategen auf eine andere vielversprechende Zielgruppe: Familien mit Kindern. Dieser

Spezialisierung folgen sie im Winter schon seit Jahrzehnten, mit großem Skischulangebot, einer eigenen Gondel für Kinder und einem Kinderbereich auf dem sonnigen Pistenplateau über dem Dorf Serfaus – das zudem dank einer U-Bahn autofrei ist. Da war es nur konsequent, sich im Sinne eines nachhaltigen Ganzjahrestourismus auch für den Sommer etwas einfallen zu lassen: eine »Erlebniswelt« voller »Sommer-Abenteuer«.

Diese sind vorgedacht, vorbereitet und vorgegeben. Aber sind sie deshalb für phantasievolle Kinder weniger abenteuerlich? Es geht um eine Hexe, einen geheimnisvollen Forscher und um ein Flugzeugwrack auf einer Waldlichtung; Schnitzeljagden sind Anlass für Spiele und glückliche Erkundung. In Kunstwelten erleben die Kinder die Abenteuer, die sie in der reinen Natur offenbar nicht mehr finden. Vielleicht, weil sie es nicht gelernt haben? Für Familien gibt es einen riesigen, reich möblierten Spielplatz namens Murmliwasser mit vielen Möglichkeiten, sich am und auf dem Wasser auszutoben. Alles völlig gefahrlos, versteht sich: Das abenteuerliche Floß läuft an einem fest installierten Seil, und auch die Fitness-Fahrräder, auf denen die Väter ihre Verzweiflung abstrampeln können, dass die Töchter und Söhne so ungeniert ohne sie toben, sind fest in den Boden eingebaut. Immerhin findet das alles draußen statt.

Inszeniert hat diese »Abenteuerberge«, wie es auf der Website von Serfaus-Fiss-Ladis so schön heißt, niemand Geringerer als Thomas C. Brezina. Sie kennen diesen Herrn nicht? Dann sind Ihre Kinder wohl nicht im passenden Alter! Brezina wurde 1963 in Wien geboren und hat mehr als 550 Kinder- und Jugendbücher geschrieben. Er hat sich natürlich nicht um die Erdarbeiten gekümmert, da waren andere Vollprofis am Werk, Naturdramaturgen wie die österreichische Firma pronatour. Die Biologiestudenten Christian Lang und Werner Stark haben die Firma 1999 gegründet, nachdem sie gelangweilt durch einen der damals üblichen didaktischen Themenpfade gewandert waren. Das muss doch besser zu machen sein, dachten sich die beiden, und schufen ein Unternehmen für »Erlebnisinszenierungen«. Ja, so ist das heute: Das Erlebnis allein genügt nicht; es muss inszeniert werden. Kann ich verstehen, wenn ich mir anschaue, welche Inflation der Begriff »Erlebnis« erfahren hat. Da gibt es die Erlebnisgastronomie (was meist bedeutet, dass sowohl Küchenleistung als auch Service durch Klamauk statt Qualität aufgehübscht und aufgeteuert werden), es gibt Erlebnisbäder (die haben wir schon erlebt), alle Arten von Erlebnisreisen (Reisen, die es nur durch zusätzliche Erlebniselemente wert werden, erlebt zu werden?) und schließlich die Erlebnistoilette. Die glauben Sie mir nicht? Dann schauen Sie nach: in der Talstation der Hochzillertalbahn in Kaltenbach. Was das Erlebnis ausmacht, habe ich nicht herausgefunden, vielleicht gelingt es ja Ihnen.

Aber zurück zu den Herren Lang und Stark von pronatour, den Schöpfern der Erlebnis-Themenwege, den Miturhebern der inflationären Versuche, so die »FAZ«, »die Alpenlandschaft touristisch zu inszenieren«. Pronatours Firmengeschichte erzählt vom »ErlebnisWald«, von der »ErlebnisLandschaft« und schließlich von der »Erlebnisinszenierung am Berg«. Die Tools sind großzügige Erdarbeiten, Metallgerüste über Abgründen, teils witzige und teils hoch ästhetische Holzmöbel, skurril überzeichnete Gestalten und Gegenstände aus Plastik (etwa Giganto-Blumen auf Skipisten). »Skigebiete sind per se Kunstlandschaften!«, sagt Christian Lang dazu, und: »Tourismus muss nicht der Feind des Naturschutzes sein!« Damit beides zusammengehe, bedürfe es einer Lenkung der Besucher, und zwar in zielgruppengerechten Projekten, die alle Sinne ansprechen sollen.

Was meine Meinung zu diesen gestalteten Landschaften ist? Ich gestehe, dass ich hin- und hergerissen bin. Zum einen beflügeln diese künstlichen Welten die Phantasie der Kinder (und der Großen). Zum anderen denke ich, dass es sich ohne Vorgefertigtes noch intensiver spielt. Aber was soll's? Immerhin sind die Kinder als – pardon – Erlebnis-konsumenten draußen in der Natur, sehen Bäume, Wie-sen, Berge und haben Spaß dabei. Und wer den Sonnen-tauweg im Erlebnispark Mooraculum im Entlebuch im Kanton Luzern besucht, lernt spielerisch die Landschaft des Moores kennen. Kann sich begeistern für die Natur, kann lernen, sie zu schützen.

Ich durfte halbe Tage lang unter Omas Aufsicht am Bächlein im Bergwald spielen – aber mein Spiel war des-wegen nicht »wertvoller« als das meiner Altersgenossen in der Stadt. Entscheidend ist doch die Konzentration, die Versenkung. Wie schreibt Astrid Lindgren: »Wir spielen und wir spielen und wir spielen, ganze Tage lang.« Das ist es! Das Sich-Einlassen-auf-eine-fremde-Welt, das Sich-fas-zinieren-Lassen. Für Kinder wie für Große.

Deswegen hat mir wahrscheinlich auch die Grimselwelt so gut gefallen. Weil dieses Gebiet im Berner Oberland eine fremde Welt ist, eine Welt der Höhlen und wilden Berge, des menschlichen Erfindergeistes und Gigantismus, der Elektrizität und des Bergbaus. Die Kraftwerke wurden von der reinen Funktionalität umgepolt auf Verführung. Vor fast hundert Jahren, anno 1925, begannen ein paar futuristisch gesonnene Berner, im Haslital ein Kraftwerk zu errichten. Das Haslital erreicht man von Bern aus immer dem Verlauf der Aare flussaufwärts folgend, vorbei an Interlaken und Meiringen. Auf wenigen Kilometern stürzt das Wasser hier mehr als 1700 Meter ab – eine enorme Fallenergie, die zu multiplizieren ist mit 700 Millionen Kubikmeter Regen und Schnee pro Jahr. Im »Wasserschloss Europas«, wie die Region Grimsel auch genannt wird, liegen gletscherpolierte Granitberge, die wie geschaffen sind für robuste Rückhaltebecken und stämmige Staudämme.

Das Gewirr von acht Speicherseen mit neun Kraftwerken, wilden Werkbahnen und 150 Kilometer Stollenstraßen liefert nicht nur Strom, sondern verzeichnet 300 000 Besucher pro Jahr: Die halten in der supersteilen Gelmerbahn die Luft an (Sie erinnern sich an unsere »Angst«-Erfahrung?) und erleben Führungen wie »Erlebnis Strom« oder »Erlebnis Wasser« unter dem stolzen Grimselhospiz. Das Hospiz ist ein Nachfahr des ersten urkundlich erwähnten Gasthauses der Schweiz aus dem Jahr 1142, das heute im See versunken ist. Die Besichtigungstouren in die Tiefe führen mit einem Omnibus in einen gigantischen Höhlengang, der sich zu einem Platz tief im Berg weitet. Die Besuchergruppe schreitet durch schwere Eisenportale und tritt staunend in einen Raum wie aus einem Science-Fiction-Film, so groß wie ein Öltanker, eine Mischung aus Elektronik und Mechanik in kaum vorstellbaren Dimensionen. Die Maschinen summen und dröhnen, der Mensch erschauert vor der technischen Kraft im Berg.

Auf der Rückfahrt hält der Bus an einer Verzweigung der Höhlenstraße. Was nun? Den richtigen Ausweg suchen? Nein, der Guide zeigt auf eine Nische in der Felswand. Schwer verglast ist sie, eine Kristallkluft voller Bergkristalle. Es müssen Dutzende sein, wenn nicht Hunderte. Einer schöner als der andere. Bei Sprengarbeiten aufgetaucht aus dem Dunkel des Berges, aus dem zeitlosen schwarzen Nichts von achtzehn Millionen Jahren. Wie ein Gruß von Ewigkeit zu Ewigkeit.

Ja, so ist das mit dem Erlebnis. Auch das brave alte Walchenseekraftwerk, das vor Jahrzehnten in einem drögen (und in meiner Erinnerung – ich war damals neun – unheimlichen) Rundgang vorgeführt wurde, ist inzwischen ein »Erlebnis-Kraftwerk«. Was das Wasser so alles erleben darf!

Feinkost: Früchtchen und Bläschen

Das Wasser der Alpen ist selbst ein Erlebnis. Jede Region hat ihre eigene Quelle, ihr eigenes Mineralwasser. Die Schweizer das Valser Wasser, die Südtiroler das Plose oder das Meraner Wasser, die Trentiner das Surgiva, die Münchner das Wasser aus der Mangfall, das direkt aus der Leitung kommt, oder, wenn's etwas besonderer sein darf, das St. Leonhard. Aquatische Normalverbraucher halten sich an das Adelholzener aus dem Chiemgau, das sich stolz »Alpenquell« nennt, ein breites Portfolio an Erfrischungsgetränken besitzt und einen besonderen Hintergrund hat: Der Brunnen ist kein Familienunternehmen, er gehört auch keiner Genossenschaft oder AG, sondern der Kongregation der Barmherzigen Schwestern vom hl. Vinzenz von Paul. Der Orden hat den Betrieb 1907 gekauft – die Kirche versteht offenbar etwas vom nachhaltigen Investieren – und zu einem florierenden Unternehmen ausgebaut, das soziale Projekte wie Krankenhäuser, Alters- und Pflegeheime mitfinanziert. Treibende Kräfte waren die zwei

Geschäftsführerinnen der Jahre 1943 bis 2004, die Schwestern Iphigenia und Theodoline. Iphigenia war es, die vor vierzig Jahren den Sprung aus der Provinz nach München wagte und auf Bussen und Straßenbahnen Werbeflächen kaufte – ein für die damalige Ordenswelt geradezu revolutionärer Schritt.

Kein Wasser aus Tirol? Nun, da gibt es keine führende Marke, denn der Tiroler Sauerbrunn der Familie Kirchner aus Ladis, dem Nachbarort von Serfaus, ist noch nicht so verbreitet. Er ist aber als Heil- und Mineralwasser staatlich anerkannt und wird direkt an der Quelle auf 1400 Meter Höhe abgefüllt, und zwar ausschließlich in Glasflaschen. Meist trinkt man in Tirol also die landesweit bekannten Wässer aus östlicheren Bundesländern oder Leitungswasser – etwa das obligatorische Glas zum Kaffee (der in Österreich unbedingt auf der zweiten Silbe zu betonen ist!).

Wer schon öfter vom Arlberg oder von Zirl aus auf Innsbruck zugefahren ist, erinnert sich vielleicht an die gelbe Werbetafel an einem hässlichen Industriegebäude am Rande der Autobahn. Eine afrikanisch wirkende weibliche Gestalt bietet darauf eine Schale Praxmarer Kaffee dar. Der heißt zwar so wie das Dorf im Sellrain, das vor allem Skitourengeher ansteuern, wird aber im Inntal geröstet.

Auch in Garmisch-Partenkirchen gibt es eine Kaffeerösterei: Wildkaffee. »Wild« ist nicht der Kaffee (der ist fein), sondern der Inhaber. Leonhard Wild, genannt Hardi, war früher Eishockeyspieler, Keeper beim EHC München. Danach knüpfte er an das Leben seines Urgroßvaters an, der hieß auch Leonhard, allerdings Panholzer, und betrieb vor 120 Jahren einen Lebensmittelladen mit Molkerei in Partenkirchen. Da wurde auch Kaffee verkauft – wenn auch fertig gerösteter aus Hamburg. Der Urgroßenkel kauft lieber selbst ein, mischt und röstet und hat sich in wenigen Jahren einen guten Ruf erarbeitet.

Giorgio Cadenazzi arbeitet dagegen eher im Verborgenen. Er ist Herr des *Campo Dimostrativo per l'Olivicoltura Italiana* in Mezzegra am Comer See. Dort beginnt das Land, in dem die Zitronen blüh'n. Es muss nicht immer der Gardasee sein, der unsere Träume von warmer südlicher Luft und hellem Sonnenlicht bedient. Der Comer See ist an manchen Stellen noch dramatischer, noch ursprünglicher und vor allem noch italienischer als der Gardasee. Giorgio bin ich zufällig begegnet, als ich auf den Spuren von Mussolinis letzten Tagen nach Mezzegra kam, inspiriert durch Oliver Hirschbiegels Film »Der Untergang« über das Leben im Führerbunker.

Mussolini war im Juli 1943, kurz nach der Landung der Alliierten in Sizilien, vom italienischen König abgesetzt und in die Verbannung geschickt worden. Das SS-Kommando »Unternehmen Eiche« stöberte ihn im September in den Abruzzen auf und befreite ihn mit einem kleinen Flugzeug und großer Mühe – der Diktator war zu schwer für den Fieseler Storch. Unter deutschem Druck (und Schutz) rief Mussolini in Salò am Gardasee die *Repubblica Sociale Italiana* aus, die sich bei Kriegsende in Nichts auflöste. Mussolini versuchte zu fliehen, wurde aber von Partisanen erkannt, am 27. April 1945 gefangen genommen und am Tag darauf vor der Villa Belmonte in Mezzegra erschossen. Ein großes Bronzekreuz erinnert daran.

Hier oben, in einer sanften Mulde über dem spiegelglänzenden Comer See, traf ich also Giorgio Cadenazzi, den Öl-Flüsterer. Er lud mich gleich zu einem Frühstück ein, wie er es bevorzugt: Rotwein statt *caffelatte*, trocken Brot statt Brioche und ein Schälchen Öl statt Marmelade.

Eine grüngoldene Pfütze duftete auf einem weißen Teller. Giorgio schaute mir gespannt beim Probieren zu – und ich war gebannt: Ein zartes, weiches Aroma, wie ich es noch kaum je erlebt hatte, entfaltete sich auf meiner Zunge. Auf mein Lob hin erklärte Giorgio mir nur knapp, sein Öl sei Guinness-würdig: Nördlicher und höher wachse kein Ölbaum mehr. Und je näher eine Frucht an der klimatischen Grenze ihres Wachstums reife, desto mehr Aroma nehme sie in sich auf. Ich möge an englische Erdbeeren denken, an schwedische Blaubeeren oder die Aprikosen im Karakorum.

Giorgio kramte einen Atlas hervor und bat mich, mit dem Finger dem 46. Breitengrad zu folgen, auf dem wir jetzt saßen: Lyon – Montreal – Seattle – Wladiwostok – Urumtschi – Odessa – Ljubljana – Udine. Ja, das war überzeugend. Sein eigenes Öl verkauft Giorgio leider nicht, aber er schickte mich zur Ölmühle von Osvaldo Vanini in Lenno, dort bekäme ich ebenso rekordverdächtiges. Und bei der Pescheria Dongo könne ich einen frischen Fisch aus dem See mitnehmen, eine *cavedona*, so heißt die lokale Forellenart.

Ich weiß, den vielen eingefleischten Gardaseefahrern unter meinen Lesern werde ich den Comer See nicht schönreden können. Will ich auch gar nicht. Ich mag den Gardasee sehr gerne. Und ausgezeichnetes Öl gibt es dort auch. Und Wein. Und Früchte. Vor allem Südfrüchte: Nicht umsonst heißt der schöne Hafenort an der felsigen Westküste Limone. Ein paar der alten *limonaie*, der ummauerten und teilweise überdachten Pflanzgärten, sind inmitten all der Bars, Cafés und Läden noch erhalten geblieben, wie Reliquien jener Aura, die den Besucherstrom einst in Gang setzte.

Ganz andere Früchte gedeihen weiter nördlich, auf tausend Meter Höhe: Gleich mehrere Südtiroler Bauern setzen auf Neophyten, also auf Pflanzen, die »zugewandert« sind und eigentlich gar nicht dahin gehören, wo sie wachsen. In diesem Fall der Gemeine Bocksdorn (*Lycium barbarum*), dessen leuchtend rote Früchte als »Goji-Beeren« vermarktet werden. Der Name verweist nach China, wo die Beeren als Jungbrunnen gelten. Hierzulande werden sie als gesunder Radikalfänger mit starker antioxidativer Wirkung geschätzt. Gemischt mit Aprikosen oder Äpfeln werden die Beeren als Marmelade oder Saft verkauft – zu Preisen, für die man auch eine gute Flasche Wein bekommt.

Die Bauern der sonnigen Täler von Pejo und Rabbi, Seitentäler des Val di Sole südlich des Ortlers, haben sich dagegen auf *piccoli frutti* (»Früchtchen«) spezialisiert, auf Himbeeren, Erdbeeren, Johannisbeeren und Blaubeeren sowie Pflaumen und Berghonig. In der Saison gibt es sogar einen Direktverkauf in der Nähe der Kirche von Cogolo. Aber kaufen Sie nicht gleich einen Kofferraum voll – lieber nur eine Schale, oder zwei, oder drei, für das Picknick weiter oben im Val de la Mare oder am benachbarten Gaviapass von Ponte di Legno nach Bormio.

Den Gaviapass habe ich noch nicht erwähnt, obwohl Denzels Großer Alpenstraßenführer ihn als »hochalpinen Leckerbissen für den sportlich eingestellten Tourenfahrer« klassifiziert. In einer älteren Ausgabe heißt es weiter, die Randsicherungen der Passstraße ließen »zumindest eine moralische Betreuung erkennen« – aber inzwischen umfährt man den moralisch betreuten Straßenabschnitt im Tunnel. Zu sehen ist er aber noch, falls Sie sich bei der genüsslichen Beerenpause am Wegesrand gruseln wollen. Ein Leckerbissen ist der Gavia allemal!

Ist das Trentino oder Südtirol bekannter für seine Äpfel? Müssen wir nicht entscheiden; in beiden Provinzen werden die Früchte jedenfalls in industrieller Größenordnung produziert. Schwerpunkte des Anbaus sind im Trentino Val di Non, Val di Sole und Val Sugana und in Südtirol Etschtal, Vinschgau und Eisacktal. In Bestform wächst die Alltagsfrucht oberhalb von Bozen.

Thomas Kohl vom Obsthof Troidner muss das geahnt haben. Vor zwanzig Jahren fing er an, das zu tun, wovon sonst nur die Bauern im Unterland leben: Der junge Bergbauer pflanzte Apfelbäume. Auf 900 Meter Höhe, wo eigentlich nur Gras wächst, Kartoffeln und robustes Getreide. Ein paar alte, zähe Bäume hatten hier allerdings immer schon so viele Früchte getragen, wie die Familie über den Winter brauchte: kleine Äpfel, kleine Birnen, winzige Zwetschgen und Kirschen zum Sommerauftakt. Einen Obstbauern hatte es hier aber noch nie gegeben, einen Weinbauern auch nicht – in dieser Höhe wächst kein Wein mehr. Jedenfalls keiner, den man verkaufen könnte. Der Wein, den Thomas Kohls Vater anbaute, wuchs ein ganzes Stück tiefer. Der junge Thomas lernte Obst- und Weinbau und begleitete Reisen für landwirtschaftliche Gruppen; da kam er viel herum, sah allerhand Lehrreiches.

Als er beschloss, hier oben von Äpfeln zu leben, schüttelten die Nachbarn den Kopf. Aber Thomas Kohl war hartnäckig; zuerst einmal musste er allerdings herausfinden, welche Sorten als »Bergapfel« taugten. Er versuchte es mit Jonagold, weil die im Tal immer so riesig werden, wie er schmunzelnd erzählt, und erntete schöne, saftige Früchte. Auch die anderen Sorten, die sich als höhentauglich erwiesen, trugen sehr geschmacksintensive Äpfel. So lag die Idee nahe, nicht nur angestoßene und übrig gebliebene Früchte in die Saftpresse zu werfen, sondern so sorgsam auszuwählen, wie die Weinbauern im Tal es mit ihren Trauben tun, und die Sorten getrennt zu verarbeiten. Sechs verschiedene Apfelsorten füllt Thomas nun ab, in wohlgeformten Flaschen als »würdige Hülle für die Frucht« mit Angabe von Serviertemperatur und passenden Speisen.

Ebenfalls in der Höhe, nicht weit vom Troidnerhof, entsteht ein anderes Produkt, das hier oben niemand vermuten würde: Sekt. Oder Schaumwein nach »Méthode traditionnelle« (die hieß früher »Méthode champenoise«). Also etwas Besseres als schnöder »Sekt«. Auch der deutsche Ersatzbegriff für Champagner, »Winzersekt«, passt nicht, weil Josef Reiterer kein Weinbauer ist. Bei ihm in Mölten auf dem Bergrücken zwischen Bozen und Meran, in 1200 Meter Höhe, wächst kein Wein mehr. Dafür besitzt Josef Reiterer Europas höchste Sektkellerei.

Für seinen Sekt kauft er fertigen »Stillwein« oder lässt die Trauben in die Höhe bringen und keltert selbst einen Wein. Im Französischen gibt es für diese Arbeit den Fachbegriff *récoltant manipulant*. Aus drei Rebsorten komponiert er seinen Sekt: Chardonnay sorgt für das »Rückgrat«, Weißburgunder für die Fruchtigkeit und Blauburgunder für die Lagerfähigkeit. Die Trauben oder Weine stammen ausschließlich aus DOC-Gebieten in Südtirol, aus Terlan, Eppan-Berg und Buchholz bei Salurn. Sie gären und reifen bei konstant zwölf bis dreizehn Grad in einem gewaltigen Keller unter Reiterers altem Bauernhaus, das auf das 15. Jahrhundert zurückgeht. Die Jahresproduktion liegt bei etwas über 100 000 Flaschen. Das ist eine bescheidene Menge, verglichen mit den fünf Millionen der Großkellerei Ferrari am Rand von Trient. Aber hier sind wir auch in einem Familienbetrieb. Dessen Geschichte beginnt in den Siebzigern, als Josef Reiterer Weinbau studierte, zunächst Kellereimaschinen verkaufte und in seiner Freizeit die Alchimie der Bläschen erforschte. Schnapsbrennen interessierte ihn auch, aber seine Frau gab den Ausschlag, denn »Frauen mögen lieber Perlen!«, wie er lachend sagt. Seine Frau malte auch die ersten Etiketten der neuen Marke *Arunda*.

1979 war die erste Jahresproduktion fertig: 300 Flaschen, die bei Weitem nicht ausreichten, um alle Freunde und Neugierigen zu erfreuen. Langsam und sorgfältig machte Josef Reiterer weiter, so wie Bergbauern eben arbeiten, denn »was man macht, muss man gut machen«, meint der immer ein wenig nachdenklich wirkende Tüftler. So zieht er auch seine Hefen selbst, zwei Stämme, die die Höhe gut vertragen und nicht nur ein paar Monate mit dem Wein »arbeiten« dürfen, sondern zwei bis drei Jahre. Manche seiner Sektsorten liegen sogar fünfzig Monate auf der Hefe, eine gar acht Jahre. Das sind dann keine *Basics* (Reiterer über seinen »ganz normalen« Brut), sondern Liebhabersekte, die oft in Großflaschen abgefüllt werden.

Wie schmeckt denn nun aber so ein *Basic*, für den Reiterer das Ziel definiert: »easy to drink«? Dem kann man nicht widersprechen: Der Brut ist spritzig, frisch und stimmt froh. Reiterer kann auch erklären, warum das so ist: Durch die Kohlensäure nehmen wir den Alkohol besonders schnell auf – was auch die Leber sofort auf »volle Kraft« einstellt, das heißt darauf, die Promille schnell wieder zu vernichten. So ist das also mit den magischen Bläschen! Achtzig Millionen davon seien in jedem Liter Sekt enthalten, erklärt Reiterer und reißt schwungvoll die Kapsel von der nächsten Flasche. Es ist ein Blanc de Blanc, weich und cremig und sehr gehaltvoll. Und so muss ich gestehen, dass zwischen Rosé, Cuvée Marianne (Reiterers Frau gewidmet), Extra Brut und Riserva meine Notizen langsam unleserlich werden und irgendwann in eine liebevolle Zeichnung münden, die wohl den Blick hinüber zu Mendelkamm und Penegal darstellen soll. Wie gut, dass ich an dem Tag nicht mehr die schneebedeckten Serpentinen von Mölten ins Etschtal hinunterfahren muss!

Bleibt nur noch, die Herkunft des Namens *Arunda* zu klären – diese Passagen in meinem Notizbuch kann ich gerade noch entziffern: Josef Reiterer erklärte mir, er habe einen Südtiroler Namen gesucht, der im Italienischen und im Deutschen funktioniert, ein Name, der »zu uns gehört«. So kam er auf *Arunda*, eigentlich ein Berg und Flüsschen im oberen Vinschgau, nicht weit vom Ortler und dem Bündner Münstertal, ein alter rätischer Name, der schon so klingt »wie eine runde, harmonische Sache«. Wie sein Sekt eben. Er hat aber auch noch einen *Parlein* im Angebot – das klingt etwas rauer. Ein keltischer Name, erklärt Reiterer, den verwende er für eine Bio-Sorte. »Aber da tun wir uns schwer«, seufzt er; die Zielgruppe bevorzugt wohl eher Wein, oder, wie Reiterer es schön ironisch formuliert: »die tun zu wenig feiern«. – Absolut nicht zu verstehen, mit dem Jahrgangssekt Extra Brut Millesimato im Glas.

Jetzt können wir nicht ohne Weiteres zum Alltag in den Bergen zurückkehren. Machen wir uns auf die Suche nach dem höchstgelegenen Weinstock. Den wollte ich schon immer mal persönlich kennenlernen, aber das ist nicht so einfach.

Da gibt es den Südtiroler Wein »Feldmarschall von Fenner zu Fennberg«, einen Müller-Thurgau, der auf einer kleinen Hochebene oberhalb von Margreid gedeiht, auf ziemlich genau tausend Meter Höhe. Nach Süden zu öffnet sich der Weinberg zum warmen Etschtal, links und rechts schützen Bäume, im Rücken hält eine Felswand kalte Nordwinde ab: perfekt. Seit Kurzem gedeiht hier auch die Sorte Solaris, eine pilzresistente Kreuzung, die die Sonne gierig trinkt und dadurch auch in der Höhe gut ausreift. Schön ist es hier oben auf dem Fennberg, wo eine gotische Leonhardskirche den alten Handelsweg beschützt, der die Malariasümpfe im Tal umging. Eine flache Kette von umgeschmiedeten Hufeisen umgibt die Kirche, die malerisch auf einem Hügelkegel über dem kleinen See liegt. Der Handelsweg von einst wurde zu einem Wanderweg, alternativ kommt man über eine lange, kurvige Straße von Kurtatsch herauf oder über einen fordernden 730-Höhenmeter-Klettersteig, der an der Salurner Klause beginnt, der traditionellen Sprachgrenze zwischen Deutsch und Italienisch.

Aber das ist noch nicht der Gipfel: Höher noch klettert der Wein im Wallis, und zwar bis auf 1150 Meter. Da gedeiht eine eigene Rebsorte namens »Heida«, mit mehr als 14 Prozent Alkoholgehalt. Weißwein, wohlgemerkt! Die sonnige Geländefalte zwischen Visp und Visperterminen galt lange als der höchste Weinberg der Alpen (Rekordhalter in Europa sind wohl Weinberge auf Zypern mit Lagen bis in 1500 Meter Höhe).

Nun aber scheint – ich bin da inzwischen vorsichtig – der höchste Weinberg der Alpen doch in Südtirol zu liegen, wo die belgische Familie van Dries auf 1340 Meter Höhe Reben gepflanzt hat und auf die erste Lese und den ersten Wein hofft. Ihr Weinberg liegt im Vinschgau zu Füßen der Abtei Marienberg, die wehrhaft wie eine Burg den Südhang zum Reschenpass bewacht. Marienberg ist das höchstgelegene Benediktinerkloster Europas. Dies zumindest dürfte sich auch nicht so schnell ändern wie die Rekorde bei den Reben.

So viel zur Höhe. Verlockend wäre ja auch, nach dem nördlichsten Weinstock südlich der Alpen zu suchen. Oder nach dem südlichsten Weinstock nördlich der Alpen. Klingt kompliziert, meint aber eigentlich dasselbe: den Sieg des Menschen über die Natur. Im Süden kümmert sich eine Gruppe von Hobbywinzern um einen Weinberg bei Bruneck – das ist schon ziemlich weit nördlich! Und im Norden werden wir südlich von Chur fündig, im Domleschg. Bei Schloss Rietberg liegt auf 800 Metern der höchstgelegene Rebberg Graubündens. Gerade mal 2400 Quadratmeter ist er groß, leicht nach Westen geneigt und gut gedüngt von Andreas Maruggs Kutschpferden. Weil er in keiner der definierten Zonen wächst, darf Marugg seinen »Domleschger Kurwein« nicht verkaufen, ja noch nicht einmal verschenken. Ich hatte das Glück, ein paar Glas dieses leidenschaftlichen Winzers probieren zu dürfen. Marugg kommt aus einer Wein- und Obstfamilie, das merkt man seinem feinen Riesling x Sylvaner (Müller-Thurgau auf Deutsch) oder Grauburgunder an. Ganz eigenwillig ist die duftige Cuvée aus kräftigem Blauburgunder und kleinbeerigem Léon Millot, einer besonders robusten Neuzüchtung.

Angesichts des Klimawandels bleibt die Sache spannend, gibt es inzwischen doch auch im Allgäu einen Weinberg auf 900 Metern – und sogar eine eigene Weinkönigin. Die dortigen Winzer verweisen gerne darauf, dass der bayerische König Maximilian II. Wein aus dem nahen Ort Burgberg verkostet und als »denkwürdig« bezeichnet habe. Nur: Ob das als Lob gemeint war? Jedenfalls besuchte der König den Allgäuer Weinberg nie wieder. Schlagen wir eine andere Brücke: Ein ganz ähnliches Bergwerk wie die »Erzgruben-Erlebniswelt« in Burgberg (Sie erinnern sich an den Apostel Magnus?) könnten wir oberhalb von Villanders bei Klausen in Südtirol besichtigen. Der Clou: Ein findiger Winzer nutzt die alten Stollen, um seinen Wein auf besonders intensive Weise reifen zu lassen, den Riesling »Viel Anders« und den »Caruess«, eine Cuvée. Es heißt, sie bekämen dabei eine besonders mineralische Note. Wer hätte das gedacht? Aber vielleicht wäre das ja die Lösung für den Burgberger Wein?

Gastlichkeit: Mit Kerzen und Kanonen

Der Mensch von heute will Komfort. Und Ursprünglichkeit. Das geht im Gebirge nicht gut zusammen. Die einfache Schutzhütte für Bergsteiger, mit »Bergsteigeressen« und FUSSENDE-Decken, mag bei Nostalgikern »einen Schwall von holden ländlichen Vorstellungen« auslösen, wie Hermann Hesse schrieb (in »Klein und Wagner«, angesichts von hartem Bett und grober Leinwand). Aber viele Bergsteiger geraten heutzutage in Stress, wenn sie nach der Tour keine Dusche vorfinden. Vom fehlenden Almdudler oder *Corona*-Bier ganz zu schweigen. Und wer die Liebste (oder die frische Eroberung) ins Lager führt statt ins Himmelbett, wird nicht unbedingt Gipfelgefühle auslösen.

Bitte entschuldigen Sie die traditionelle Rollenverteilung, die hier aufscheint. Ich weiß – und Sie wissen es sicher auch –, dass es exzellente Bergsteigerinnen gibt, die ihren Jungs erst mal zeigen müssen, wo es im Gebirge langgeht. Nicht immer muss die anfeuernd gemeinte Frage »Mann oder Memme?« ausgesprochen werden, aber doch, es gibt Frauen, die sagen, was sie denken, wenn Mann an der Schlüsselstelle zögert. So wie es umgekehrt Männer gibt, die ihrer Begleiterin nahelegen, sie möge doch keine Angst haben. Oder, etwas liebevoller formuliert: »Stell dich doch nicht so an!« Was die Adressatin dieser Aufforderung dann auch bestimmt nicht tut. Meist stellt sie dann alles, überhaupt *alles* ein. Diese Reaktion können Skiabfahrten ebenso auslösen wie Klettersteige, Hochtouren-Versuche oder Kletterübungen in der Halle.

Wir schweifen ab. Zurück ins Hotelbett, zurück zur Verbindung von Luxus mit Höhenluft. So etwas gibt es seit gut 150 Jahren. Damals begann die Zeit der Grandhotels, die nicht wie die klassischen Herbergen an natürlichen Übergängen, in Dörfern, Städten oder an Poststationen lagen und deren Zielgruppe ausschließlich Touristen waren. So ein Projekt erforderte Mut und Kapital. Über beides verfügte der Schwingerkönig Christian Seiler. Sie erinnern sich? Schwingen ist der Schweizer Nationalsport, eine Art Ringen, und wer beim Eidgenössischen Schwing- und Älplerfest den Titel des Schwingerkönigs erringt, hat ausgesorgt. Denn dieser Titel gilt lebenslang.

Christian Seiler, der Chronik zufolge eine »hünenhafte Schwingergestalt mit gewaltiger Kraft«, eröffnete anno 1842 das Hotel »Bellevue« auf der Kleinen Scheidegg, dem Bergsattel zwischen Grindelwald und dem Lauterbrunnental, 2061 Meter hoch. Von der Terrasse eröffnet sich ein erschreckend direkter Blick in die Eiger-Nordwand. Die war damals noch jenseits aller alpinistischen Vorstellungskraft, der Gipfel des Eigers wurde erst 1858 erstiegen. Der leichtere Jungfrau-Gipfel (4158 m) war 1811 erstmals erreicht worden, auf dem Mönch (4107 m) standen 1859 die ersten Menschen. Sailer ließ vor dem »Bellevue« eine Kanone aufstellen, und wenn ein Hotelgast einen Gipfel des berühmten »Dreigestirns« erklommen hatte, feuerte sie einen Jubeldonner ab. So hatten auch jene Gäste am Alpinistenglück teil, die nur ein bisschen auf den Wiesen wandern wollten.

Als Sportler und Artillerist wusste Christian Sailer, wie man, um es im Tourismusdeutsch des 21. Jahrhunderts zu formulieren, Erlebnis und Event zu etwas Unvergesslichem vermählt. So überrascht es nicht, dass sein Haus von Anfang an Erfolg hatte, obwohl es nur in mehrstündigem Fußmarsch zu erreichen war. Maultiere schleppten in langen Kolonnen sowohl die weniger sportlichen Gäste herauf als auch all die feinen Sachen, die im Tale wesentlich wohlfeiler zu haben gewesen wären. Richtig aufwärts ging es für die Seilers, als 1893 die Wengernalpbahn über den Scheidegg-Sattel schnaufte und schließlich 1912 die Jungfraubahn ihren Betrieb aufnahm: Den Zeitgenossen erschien die Fahrt hinauf auf das Jungfraujoch, den höchstgelegenen Bahnhof Europas, irrwitzig, und sie ist es auch heute noch, eine zahnraddurchruckelte Reise inmitten fremder Sprachen und aufgeregter Gesichter.

Auch die Grundnachbarn des »Bellevue«, die Bauern von Wengernalp, sahen den touristischen Aufschwung mit Wohlgefallen – und ließen sich inspirieren, selbst ein Hotel zu bauen. Doch das »Schuster, bleib bei deinen Leisten!« bestätigte sich auch hier: Nach einigen Jahren sahen die Älpler ein, dass sie sich lieber wieder auf Vieh- und Milchstatt auf Fremden- und Menü-Wirtschaft konzentrieren sollten, und 1908 verkauften sie das »Des Alpes« für 100 000 Goldfranken an Familie Seiler. Die führt die beiden Häuser noch heute, mittlerweile in der fünften Generation, der Familienname ist aber jetzt von Almen.

Der Pomp, den das Hotel getreulich bewahrt, ist eine Melange verschiedener Epochen. Manches stammt vom Ende des 19. Jahrhunderts, die Bar und die Bäder mit den dickfüßigen Wannen sind aus den Zwanziger- und Dreißigerjahren, als das Hotel erstmals auch den Winter über offen blieb. Die britischen Skitouristen liebten es! Und in den Sommern jener Jahre kämpften die besten Bergsteiger der Welt um die »letzten Probleme der Alpen«: die Nordwände von Matterhorn, Grandes Jorasses und Eiger.

Die Eiger-Nordwand ragt schroff über der Kleinen Scheidegg auf, schattig, düster, drohend, furchterregend. Und ist so gut einzusehen wie die Kampfbahn eines antiken Amphitheaters. Wenn Seilschaften in die Wand eingestiegen waren, umlagerten auf der Terrasse des »Bellevue« sensationslüsterne Touristen und Journalisten die Fernrohre – schön dargestellt im Film »Nordwand«, mit Ulrich Tukur als Reporter und Benno Fürmann und Florian Lukas als den todgeweihten Helden des Jahres 1936: als Toni Kurz und Anderl Hinterstoißer.

Die ersten erfolgreichen Seilschaften in der Eiger-Nordwand waren Anderl Heckmair und Ludwig Vörg sowie Heinrich Harrer und Fritz Kasparek. Sie waren getrennt eingestiegen, taten sich dann aber in der Wand zusammen und erreichten gemeinsam den Gipfel. 1938 war das, ein »Sieg« für das nationalsozialistische Deutschland, eine politisch und propagandistisch ausgeschlachtete Großtat »deutschen Wesens«. Hitler empfing die vier persönlich am Rand des Deutschen Turn- und Sportfests in Breslau, und Harrer feierte den Triumph mit den Worten »Wir haben die Eiger-Nordwand durchklettert über den Gipfel hinaus bis zu unserem Führer!«. Während des Krieges waren in den Schweizer Grandhotels Soldaten auf Wintergebirgskurs einquartiert – von denen einige nach dem Krieg gerne wiederkamen und zu Stammgästen wurden.

Auch in den Dolomiten gibt es Hotels, die einen auf eine Zeitreise schicken, das 1930 im Stil der damaligen Moderne erbaute und perfekt bewahrte »Drei Zinnen« in Sexten etwa oder das »Berghotel Ladinia« in Corvara. Das hat eine erzählenswerte Geschichte: Es gehört einem Mailänder, der in den Dreißigerjahren zum Bergsteigen in die ladinischen Berge kam und sich so in die Gegend verliebte, dass er hier unbedingt sesshaft werden wollte. Aber wer Grundbesitz hatte, war Bauer – und die verkauften keinen Quadratmeter an Fremde, schon gar nicht an Italiener, damals, zu Mussolinis Zeiten, als ganz Südtirol italianisiert werden sollte. Der Mailänder bat den Bergführer und Skilehrer um Hilfe, mit dem er die meisten seiner Touren unternahm. Der hatte vor Kurzem ein schönes Holzhaus mit ein paar Fremdenzimmern gebaut und war dabei, sich eine touristische Existenz aufzubauen.

Und hier nun bekommt die Geschichte Brüche und Sprünge – wie eigentlich jede gute Geschichte. Überliefert ist, dass der Bergführer seinem Stammgast sein eigenes Haus zum Kauf anbot. War die Summe unwiderstehlich? Sah er seinen eigenen Vorteil? Nutzte er die Chance, sich nach einer Verletzung eine neue Existenz aufzubauen? Wollte er seinem Gast und Freund eine Freude machen? Der schlug jedenfalls zu und kaufte das »Ladinia«, verpachtete es aber kurz darauf. Eigenartig, oder? Bauliche Änderungen gab es seitdem kaum, ein paar neue Bäder und Schränke in den Achtzigern, das war alles. Bis die Pächter zu alt waren, um das Haus weiterzuführen, und der inzwischen hundertjährige Mailänder einen Nachfolger suchte, der das »Ladinia« ernst nahm und es bewahren wollte, wie es war. Er fand ihn im Nachbarn, dem kunstsinnigen Hotelier Michil Costa. Der ließ das Haus im Stil der Dreißigerjahre gefühlvoll renovieren, denn welch Glück: Die alten patinierten Massivholzmöbel lagen noch im Heustadel und wurden wieder eingebaut! Auf Wunsch des Mailänder Methusalems gibt es in Küche und Keller fast nur regionale Produkte; keine Cola, keinen Whisky, keine Austern. Dafür stehen auf den mehrsprachigen Speisekarten ladinische Gerichte, *purcel* (Schwein) oder *snizl* (Kalbsschnitzel).

Andere Berghotels sind nur zu Fuß erreichbar und pflegen den Luxus der Nostalgie auf andere, bescheidene Art. Kehren wir ins Berner Oberland zurück: Im hintersten Lauterbrunnental oberhalb von Stechelberg liegen zwei solche Häuser nebeneinander, fern der Straße, das »Tschingelhorn« und das »Obersteinberg«. Es sind wunderschöne Holzbauten aus dem 19. Jahrhundert, sehr gepflegt erhalten und mit prachtvoller Aussicht auf die weißen Bergzacken. Wer es nicht gar so steil mag, steigt zum kleinen Oberhornsee auf 2065 Meter hinauf, den schon Goethe auf seiner zweiten Schweizer Reise 1779 besuchte.

Vom »Tschingelhorn« aus blickt man direkt auf den Schmadribachfall, den Joseph Anton Koch 1822 so dramatisch in Szene gesetzt hat, dass man vermeint, das Bild rauschen zu hören. Es hängt in der Neuen Pinakothek in München. In natura teufelt das Wasser so laut zum Hotel herüber, dass der Gast in der ersten Nacht ein paar Mal aufwachen wird, traurig oder wütend, weil es draußen zu regnen scheint, bis er sich aus dem Halbschlaf so weit ins Diesseits gekämpft hat, dass er merkt, dass der Schmadribachfall ihm einen Streich spielen will.

Das »Obersteinberg« ein Stückchen weiter stilisiert sich als »Kerzenhotel« und verzichtet auf elektrischen Strom. Die Versorgung übernimmt Mulidame Fiona. Auch sehr malerisch. Der Gast mag das. Er fühlt sich wie im 19. Jahrhundert und übersieht bereitwillig, dass auf der Alm, die zum Hotel gehört, manchmal Motorgeräte brummen. Aber ein Generator für das Haus? Nein, das ginge zu weit. Lieber lebt man mit der wagemutigen Kombination von Holzhaus und Kerzen.

Auf andere Art konsequent ist das »Briol«, ein Dreizehn-Zimmer-Hotel im Bauhausstil oberhalb von Klausen. Hier wird die Noblesse der Zwanzigerjahre kultiviert. Ohne fließend Wasser im Zimmer, aber mit einem gepflegten Badeteich. Die Sauna am Ufer wird mit Holz befeuert, der Pool ist unbeheizt. Der Blick aus dem Wasser auf die Dolomiten gegenüber – Geislerspitzen, Langkofel, Schlern – ist einzigartig. Autostraße führt keine herauf: Genießer gehen zu Fuß, wer es besonders eilig hat, die Stille zu genießen, lässt sich mit dem Allrad-Taxi hinaufrumpeln.

Den Luxus der Stille bietet auch der Gasthof »Bad Dreikirchen« etwas unterhalb. Die alte, aber atemberaubend bewahrte Pilgerherberge neben den drei Wallfahrtskirchen (daher der Name) stammt aus dem 14. Jahrhundert, hat moderne Bäder und eine große Holzterrasse im besten »Zauberberg«-Stil. Kein Wunder, dass sich hier nicht nur Bozner Bürger, sondern auch Dichter und Denker von jenseits der Alpen wohlfühlten, wie Sigmund Freud oder Christian Morgenstern, der hier seine Frau kennen und lieben lernte.

Aber ich will Ihnen jetzt nicht den Prospekt der einschlägig idyllischen Hotels vorbeten, auch keinen Blick nach Davos tun, wo im Hotel »Schatzalp« bis heute »Zauberberg«-Atmosphäre weiterlebt – schon weil es nicht an einer Straße liegt, sondern nur mit der hauseigenen Standseilbahn zu erreichen ist.

Ein Haus mit Aussicht ist mein Traum, ein Hotelzimmer mit Blick in finstere Lichtschächte ein Alptraum. Umso mehr freut es mich, wenn ich Bergblick in der Stadt genießen kann, sei es im überaus luxuriösen »Laurin« in Bozen oder zu Normalverbrauchertarifen im »America« in Trient. Das auch wieder eine schöne Geschichte hat – und im Namen trägt: Gründer Domenico Giovannini reiste 1910 als 21-Jähriger nach Amerika und schuftete in den Kohlegruben von Rock Springs in Wyoming. Als er 1922 zurückkehrte, hatte er sich ein kleines Vermögen erarbeitet: genug, um eine Trattoria mit Fremdenzimmern zu kaufen, die bald zu einem veritablen Hotel wurde und seinen Spitznamen »el merican« übernahm. Es steht noch heute, trotz Fliegerbombe im Zweiten Weltkrieg und Flutzerstörung in den Sechzigern.

Zwei Zimmer haben Dachterrassen mit Bergblick (558 und 560), aber dann gibt es noch eine lauschige Bleibe, ein Turmzimmer über den Dächern der Stadt, fast Aug' in Aug' mit Castel Buonconsiglio, sehr klein und einfach, aber sehr gefragt. Die Zimmernummer? Quattrocentoundici. Nicht weitersagen!

In anderen Höhen bewegen wir uns im »Vigilius Mountain Resort« oberhalb von Meran. Hier geht es um Stil, um Form. Matteo Thun, Mailänder Architekt mit Südtiroler Wurzeln, hat ein Paradebeispiel dafür geschaffen, wie modernes Bauen mit traditionellen Materialien funktionieren kann. Wie Lärche, Naturstein und Filz mit Stahl zusammengehen, licht und luxuriös, scheinbar den Klischees vom alpinen Bauen widersprechend – aber eben nur scheinbar. Im »Pergola« bei Meran hat Thun diese Gedanken noch mal in kleinerem Maßstab am Hang konzentriert, modern, großzügig und luftig, aber doch heimelig.

Manche Hotels sind mehr als heimelig, sie sind Schatzkammern – angefüllt mit einer unfassbaren Aura, mit Gedanken, Ideen, Kunstwerken.

Ich denke da an das »Kristania« in Lech, mit seiner Fülle von moderner und Gegenwartskunst, oder an die »Wasnerin« in Bad Aussee – ein Hort der Dichtung, mit Lesungen und *Artists in Residence.* Die gibt's auch im »Schloss Elmau« bei Garmisch-Partenkirchen, dem begehrenswert schönen Haus von Dietmar Müller-Elmau, das auch Politiker anzieht. Nach einem Brand im Jahr 2005 hat der Hotelier als Einzelkämpfer einen beispiellosen Neuanfang hingelegt und eine kunstsinnige Bleibe geschaffen.

Eine solche ist auch der »Almhof Schneider« in Lech am Arlberg. Der treuherzig brave Name täuscht: Hier wird subversiv kreativ gearbeitet. Hotelier Gerold Schneider studierte in Wien Philosophie, Literatur und Kunsttheorie, als ihn nach dem Tod des Vaters und einer schweren Erkrankung des Bruders der Ruf der Familie ereilte. In Familienunternehmen muss da die Kunst hinter dem Geschäft zurückstehen.

Muss sie das wirklich? Schneider jedenfalls gelang es, das Styling des Familienhotels weiterzuentwickeln, ohne die Stammgäste zu verprellen. Seine Frau Katia, eine Architektin, hat mit ihrem Londoner Kollegen Anthony Collett einen Ort geschaffen, der alpin gemütlich und zugleich kosmopolitisch ist, wie der Wiener »Standard« urteilte. Denn die Schneiders zelebrieren Kunst für Gäste: Dazu zählen die Porträts von 114 halluzinogenen Pflanzen im Restaurant, geschaffen vom Vorarlberger Food-Künstler

Paul Renner, oder auch dessen einschlägig wirksamen Diners, bei denen, so Renner, »der kulinarische und alkoholische Genuss zelebriert wird – hier schläft die Vernunft«.

Kulinarischer Genuss? Viele Alpinisten winken da ab, stecken die Nase und das Vielzweck-Essbesteck in die Alutüte mit der aufgegossenen Trockennahrung und lassen es sich schmecken. Oder was sie dafür halten. Nun ja, da ein Produkt umso höher geschätzt wird, je mehr Aufwand es erfordert, mundet wohl jedes Gericht besonders gut, für das man langwierig Schnee oder Gletschereis geschmolzen hat. Tagesreisen entfernt vom nächsten gedeckten (ach was, gedeckten, sagen wir: standfesten) Tisch – wer will da Sterne oder Hauben verteilen? Da erfreuen wir uns selbst an dünnem Pulverkaffee, am Aufguss staubiger Teebeutel aus dem untersten Rucksackfach oder an »Trekking-Mahlzeiten« verschiedener Hersteller, deren Preise von ebenso viel Phantasie zeugen wie die Namen der Speisen. Aber gut, wer hat behauptet, Bergsteigen sei ein billiger Sport? Also seien wir großzügig, denn wie gesagt, in dünner Luft schmeckt es besonders gut. Auch bei der Wirtin einer hoch gelegenen Hütte, die in einer »ALPIN«-Reportage erzählte, dass sie jeden Tag Spaghetti koche, weil doch die Gäste nur für eine Nacht kommen. Es blieb offen, ob ihre kulinarischen Fähigkeiten für mehr überhaupt ausreichen würden.

Haute Cuisine hat wohl etwas mit der Baumgrenze zu tun. Darüber gedeiht sie schlecht. Auf der Seiser Alm aber bewirtschaftet Franz Mulser nach einhelligem Urteil der Fachleute die beste Almhütte der Alpen, irgendwo inmitten der Dolomiten, fernab der Straßen. Der begnadete Koch wollte nach Stationen im Ausland (unter anderem bei Hans Haas im Münchner »Tantris«) wieder zurück in seine Heimat, wollte mit Filzhut und Bergschuhen die Natur spüren, anstatt in einer fernen Betonwüste Sterne und Dollar zu sammeln. So fand er die kleine Gostner Schwaige – oder vielleicht fand sie ihn? Mulser war damals, kurz nach der Jahrtausendwende, gerade mal zwanzig. Seitdem ist er hier oben glücklich, in einer drei Quadratmeter kleinen Küche auf 1930 Meter Höhe. In der zelebriert er eine buchstäblich blumenreiche Hochküche, basierend auf Südtiroler Traditionsgerichten: Er streut Gänseblümchen auf den Salat, verfeinert Topfenknödel mit Rosenblättern oder lässt Stiefmütterchen und Borretsch im Steinpilz blühen, den er liebevoll auf Frauenmantelblätter bettet.

Kann ich mich damit aus der Pflicht schleichen, Ihnen Südtiroler Geheimtipps mit auf den Weg zu geben? Herbert Hintners »Rose« in St. Michael/Eppan etwa oder Andrea Fenoglios »Sissi« in Meran, den »Auener Hof« oder die »Krone« in Aldein, eines von vielen Michelin-Sterngekrönten Lokalen. Bestimmt gibt es auch noch den garantiert unentdeckten urigen Dorfgasthof, in Südtirol wie überall in den Alpen. Und das Kontrastprogramm: sogenannte Erlebnis-Restaurants wie den »Genussgasthof« in Vorarlberg, der schottische Gerichte zu österreichischem Whisky anbietet.

Um die Berge zu genießen, müssen wir aber gar nicht in die Berge fahren. Sie sind zu uns in die Stadt gekommen, CO_2-neutral sozusagen. In München eröffnete nahe der Börse vor einiger Zeit ein »Alpenraum« mit Filz, Brennholzstapeln und Geweihen. Ziemlich cool, auch die Preisgestaltung, inzwischen aber schon wieder geschlossen. Bleibt der »Alpenhof« am Alpenplatz, eine Pizzeria, wie sie der gemeine Münchner liebt: angenehm radebrechende Kellner, große Pizze, gutes Bier, vielerlei Weine aus ganz

Italien, dazu rot-weiß karierte Tischdecken und ein paar Adria- und Filz-Accessoires. Dass der Alpenplatz zwischen Alpenrosen- und Edelweißstraße liegt, haben sich die Straßenbenamser gut ausgedacht. Ich frage mich nur, ob die nahe Gietlstraße dem jungen Südtiroler Spitzenalpinisten Simon G. huldigt?

Aber gehen wir lieber Skifahren, am besten an die *Sella Ronda*. Das ist die legendäre Skirunde in den Dolomiten, die jeder Skifahrer einmal geschafft haben muss. Ob links herum in Grün oder rechts herum in Orange: Egal, die Sella Ronda ist fast immer ein ganzer Tag Landschafts- und Pisten-Hochgenuss. Diese Ausblicke! Langkofel, Sella, Sassongher, Mittagstal … Mein Pistenfavorit sind die Abfahrten von der Porta Vescovo, 2478 Meter.

Dann auch mal einkehren, sitzen, ein Glas in die Hand nehmen, Sonne und Berge trinken. Vielleicht im »Rifugio Emilio Comici« mit seinen leuchtend blauen Fensterläden. Der ist eigentlich keine Schutzhütte, sondern ein Feinschmecker-Treffpunkt auf 2154 Metern. Im Winter auf Ski zu erreichen, im Sommer auf einer sehr stimmungsvollen Wanderung durch die »Steinerne Stadt«, das chaotische Durcheinander eines Felssturzes am Fuß des Langkofels. Wer sich durch die engen Gassen zwischen den Felsbrocken zwängt und furchtsam hinauf zu Langkofel und Sellatürmen späht, der kann den Eindruck gewinnen, ein strafender Gott habe hier die Siedlung böser Menschen in Stein verwandelt. Da sehnt man sich nach einer freundlichen Einkehr. In der Comicihütte wartet das Meer auf uns: Tintenfisch, Meeresfrüchte-Spaghetti, Thunfischsteak oder Hummer. Die Spezialisierung auf Fisch hat Tradition, hat doch die Wirtsfamilie Marzola ein verwandtschaftliches Netzwerk mit eigener Landwirtschaft in Grado, dem

Fischerstädtchen zwischen Triest und Venedig. Mit großem Erfolg: Die Gästeliste liest sich wie ein Who's who
des internationalen Jetsets und der Sport-Szene. Bleibt nur
noch zu klären, wer Emilio Comici war: der wohl berühm-
teste Dolomitenkletterer der Dreißigerjahre, dessen Erst-
begehungen, etwa an den Drei Zinnen, damals großes Auf-
sehen erregten.

Bleiben wir noch bei den Meeresfrüchten – und beim
Jetset. Da führt uns der Weg ein bisschen weg von der *Sella
Ronda*, zum Piz La Ila in der Alta Badia. Auf 2100 Metern
steht da der »Club Moritzino«, im Kern eine Hütte, aus
der über die Jahre ein Konglomerat aus Anbauten, Win-
tergärten, Bars und lauschigen Winkeln entstanden ist. Das
»Moritzino« pflegt eine kräftige mediterrane Küche mit
Meeresfrüchten und frischem Fisch. Die Zutaten werden
per Seilbahn geliefert. Die Gäste übrigens auch. Nach dem
Essen können sie sich mit einer Schneeraupe zu Tal bringen lassen, oder sie stürzen sich die Piste *Gran Risa* hinab,
eine Riesenslalom-Weltcup-Abfahrt, die mitten im Dorf
La Villa endet, nach gut 600 Höhenmetern und Steilstücken mit 53 Prozent Gefälle. Oft ist sie auch noch eisig. Ja,
so sind sie, die Schönheiten des Skifahrens!

Skifahren: Der weiße Rausch

Mooment, so einfach geht das nicht: Schuhe in die Bindung – Stöcke in den Schnee – anschieben – und los! Zuallererst müssen wir klären, ob wir »Ski fahren« oder »Ski laufen« wollen. Das sei doch egal, meinen Sie? Auweia! So undifferenziert kriegen wir nie den ersten Stemmbogen! Es geht auch nicht um kleinkrämerische Finessen der Zusammen- oder Getrenntschreibung, sondern um viel mehr. Und zwar um die Philosophie des Wintersports, ach was, des Winters schlechthin.

Süddeutsche *fahren* Ski, nördlich der Donau Geborene *laufen* Ski, und in Österreich heißt es Schifahren. Oder auch Schifoan, denn das ist, wie wir von Wolfgang Ambros seit Ende der Siebzigerjahre wissen, »des leiwaundste, wos ma sich nur vurstelln kann«. Der grundlegende Unterschied ist wohl der, dass wir Süddeutsche und Österreicher beim Skifahren nicht laufen. Wir fahren mit dem Auto zum Lift (»Am Freitog auf'd Nocht montier' i die Schi auf mei Auto«), mit dem Lift auf den Berg (»In der Fruah bin i der Erste der wos aufefoart«) und dann fahren wir zu Tal (»Und wann der Schnee staubt und wann die Sunn'scheint, dann hob'i ollas Glück in mir vereint«). Norddeutsche hingegen laufen Ski. Warum? Weil sie nie die ersten am Lift sind und deshalb mit Ski und Skischuhen weit laufen müssen? Weil auch ihr Bewegungsmuster talwärts eher nach Laufen aussieht als nach Fahren? Aber körperliche Fähigkeiten zu schmähen ist wohl geopolitisch unkorrekt. Vielleicht erklärt sich der Unterschied auch so: In den Hügelbergen von Sauerland oder Harz kennt man Lifte erst seit Kurzem, und daher sind die dort heimischen Skisportler es gewohnt, zu laufen. Nämlich bergauf. Das wird's sein! Wobei sie jetzt damit wieder ganz modern wären, angesichts des Booms, den Skitouren seit einigen Jahren erleben. Eine »Skitour« ist, um erst mal das Begriffliche zu klären, ein wintersportliches Unternehmen, bei dem man aufsteigt, um dann abzufahren. Sozusagen die alte, klassische Form des Skilaufs. Die Ski werden dabei bergauf -geschoben. Sie schreitend bei jedem Schritt zu heben, wie man das manchmal sieht, ist ebenso kraftraubend wie unnötig, verhindern doch Felle auf dem Belag, dass man zurückrutscht. Heute sind das aufgeklebte Mohairfelle oder Adhäsionsfelle, die ohne Kleber haften. Früher verwendete man echte Seehundfelle, die mit Klemmriemen gespannt werden sollten, was aber nie so recht funktionierte. Jedenfalls nicht bei ungeübten Skitouristen oder armen Achtklässlern wie mir, die beim Skilager erst mal eine Stunde zur Hütte aufstiegen, obwohl die gerade mal fünfzig Meter über der Straße liegt, an der der Bus hielt. Ein Meter in der Minute? Ja, das könnte realistisch sein, denn leichte Rucksäcke waren damals noch unbekannt. Ich glaube, manche meiner Gefährten hatten stattdessen Reisetaschen dabei, einer sogar eine lederne Aktentasche. War unpraktisch, aber ziemlich cool. In den folgenden Tagen eroberten wir buchstäblich jeden Meter zwischen Rohrkopfhütte und Grasgehren oder Bolgen, meist mühsam, in hartem Kampf mit dem Material. Das war abwechselnd steif gefroren und pappschneedurchtränkt. Doch gab es auch Glücksmomente: wenn alles an genau der Stelle blieb, wo es sein sollte, wir sanft schnaufend durch den tief verschneiten Winterwald aufstiegen und als Erste die Spuren ins unberührte Weiß ziehen konnten.

An Lawinen haben wir damals, im knietiefen Pulver, keinen Gedanken verschwendet, und im Rückblick bin ich mir sicher, des Öfteren mehr Glück als Verstand gehabt zu haben. Heute ist Lawinenkunde fast schon ein Schulfach, sollte zumindest zum Skilager gehören. Ein kleiner Kurzlehrgang gefällig? Es gibt fünf Warnstufen, und wenn Sie nicht wissen, wie die dritte heißt, fahren Sie bitte nur bei »eins – gering« und »zwei – mäßig«. Denn der »todgeile Dreier« heißt nicht umsonst genau so: Vermeintlich ist die Situation noch »sicher«, aber nur für den, der sich im Schnee auskennt. Mittlerweile gibt es viele Tools, um das Gefahrenpotenzial eines Hanges abzuschätzen. Egal, welcher Kombination von Lawinenlagebericht, Rechenmethode und eigener Anschauung Sie vertrauen: Seien Sie nicht leichtsinnig, und hören Sie auf Ihr Bauchgefühl!

In den Rucksack (möglichst einen mit Lawinen-Airbag) gehören Schaufel und Sonde, an den Körper das Lawinenverschüttetensuchgerät, kurz LVS genannt (und auch wenn es manchmal in der Zeitung so bezeichnet wird: Es sucht keine Lawinen!).

Ein Erste-Hilfe-Set haben Sie ja ohnehin immer im Rucksack? Ach ja, und Stufe drei ist: »erheblich«.

So viel zur Pflichtausstattung beim Freeriden und auf Skitour. Diese Art, sich eine Skiabfahrt zu erlaufen und unter Umständen mit vielen Blasen zu erkaufen, war für ein paar Jahrzehnte nahezu in Vergessenheit geraten – nur schrullige Skischrate oder leidensfähige Winteralpinisten blieben der eigenartigen Kombination von Qual und Überglück treu. Wilde Wühlereien waren das manchmal, bis wir die Einfahrt in eine steile Rinne erreicht hatten. Und wenn ich so unseren Erzählungen von damals nachlausche, so waren die Rinnen immer mindestens überhängend, und gelegentlich begleitete uns ihre ganze Schneefüllung, während wir hinabwedelten, bauchtief im Weiß juchzend.

Je enger die Fußstellung, desto eleganter schien es uns. Seitdem hat sich viel getan, niemand fährt mehr hinter armen Skizwergen her und brüllt: »Füß' z'samm!« Auch im Wettkampf ist die hüftbreite Skiführung Standard: im Slalom beim Kampf mit den Stangen, im Riesenslalom beim Kampf auf der Kante, im Super-G beim Kampf um die Linie, in der Abfahrt beim Kampf ums Gleiten. Was für ein Unterschied zu den Zeiten von Toni Sailer, Willy Bogner oder Christian Neureuther! Das liegt auch an der Entwicklung der Ski – die langen Latten von damals werden heute als »Spreißel« (Standarddeutsch: Holzspäne) abgetan. Ski des 21. Jahrhunderts sind stets Carvingski: Ihre stark taillierte Form – und damit gekurvte Innenseite – erlaubt es, den Ski »wie auf Schienen« auf der Innenkante zu fahren und dem »eingebauten« Kurvenradius zu folgen. Die Richtungsänderung kann dabei allein durch Gewichtsverlagerung erfolgen. Zumindest dann, wenn die Piste breit genug ist für die »eingebauten« Kurvenradien und sich die Anzahl der beweglichen Hindernisse in Form anderer Skifahrer in Grenzen hält. Um die herumzukurven macht auch sehr viel Spaß, verlangt aber spontanere Richtungs- und Rhythmuswechsel als manche selbst ernannten *Carver* beherrschen.

Der Begriff »Carving« kam vom Snowboardfahren, bei dem gute Fahrer sich auch auf der Kante bewegen können. Er ist dem Holzhandwerk entlehnt und bedeutet »schnitzen«, denn kraftvoll geführte Carvingschwünge hinterlassen auf einer gut präparierten, griffigen Piste deutliche »Schnitz«spuren.

Ob sich das Snowboard auf Dauer behauptet? Ich bin mir da nicht ganz sicher. Noch gibt es viele Boarder, aber der Höhepunkt des Booms ist schon überschritten, und inzwischen gilt auch Skifahren bei jungen Menschen wieder als ziemlich cool. Vielleicht ist Snowboarden in ein paar Jahren auch ein Altherren-Minderheitensport – so wie meine einstige Renndisziplin Grasski. Da haben die Ski umlaufende Raupenketten und zwingen den Fahrer zum Carven, da sie nicht seitwärts rutschend gelenkt (und gebremst!) werden können. Als Trainingsgerät waren sie ideal, da es ja kaum Skilifte gab, wir also im Hochsommer mit Skischuhen aufsteigen mussten. Als Piste eigneten sich sanft geneigte Grashänge ohne Steine und Maulwurfshügel im Besitz von sanften, dem Sport geneigten Bauern, die regelmäßig mähten und bereit waren, uns zu glauben, dass das reichlich benötige Schmieröl für die Rollen der Raupenketten ein natürliches und grasfreundliches Produkt war. Und noch etwas war ganz wichtig: Der Hang sollte möglichst frei von Kuhfladen sein.

Die Sache kam nicht so recht in Schwung. Eine Zeit lang trafen sich immerhin drei, vier junge Leute zum Training. Manchmal kam ein Skivater mit (das männliche, nicht minder gnadenlose Pendant zur Eislaufmutter) und steckte ein paar Stangen. Das gefiel mir gar nicht, weil ich es schon immer als brutalen Angriff auf meine persönliche Entscheidungsfreiheit und Unabhängigkeit empfunden habe, einer vorgegebenen Linie durch einen Stangenwald folgen zu müssen. So richtig rennreif fühlte ich Individualist mich daher nicht, als die bayerische Meisterschaft anstand und auch noch ganz in der Nähe ausgetragen wurde. Da war kein Entrinnen, der Skivater ermutigte uns vehement zum Mitmachen. Und was soll ich sagen? Ich errang tatsächlich eine Medaille! In meiner Altersklasse (ältere Jugend von siebzehn bis achtzehn oder so) waren nur die beiden anderen Teilnehmer schneller.

Zum Glück hat es dann bald geschneit, und ich konnte wieder zum Skifahren gehen und zum Langlaufen, das auch ein schöner Sport ist, nur leider sehr anstrengend. Ski*schieben*, wie es bevorzugt ältere und eher voluminöse Menschen in Wintersportorten betreiben, hat damit wenig zu tun – das sehe ich als Spazierengehen mit Hindernissen an den Füßen. Manche ziehen sich dabei sogar komplizierte Brüche im Beckenbereich zu. Richtiges Langl*aufen* ist eine ungemein rasante Sache und macht viel Spaß. Bei glitzerndem Raureif durch lichten Wald oder an bizarr erfrorenen Schilfhalmen entlangzusausen, das hat was. Das ist ein großartiges Landschaftserlebnis mit rasch wechselnden Eindrücken von erhabener Schönheit und dennoch richtiger Sport. Der funktioniert aber nur mit dem richtigen Wachs. Unser Sportlehrer wusste genau, wann wir mit Gelb, Violett oder mit dem mörderisch klebenden Klister unterwegs sein mussten. Es war immer perfekt: Schuhe in die Zehenbindung klicken – abdrücken – der Ski glitt keinen Millimeter zurück – Fahrt aufnehmen – gleiten – nächster Schritt. Wir sausten dahin wie mit eingebautem Gefälle. Nur alle paar Kilometer mussten wir kurz anhalten und beim Oberstudienrat Wachs nachtanken. Meine eigenen Wachsversuche verliefen anders: eigentlich immer mit dem gleich unbefriedigenden Ergebnis, wenn auch mit unterschiedlichen Effekten. Temperatur, Luftfeuchtigkeit, Schneebeschaffenheit und Wachs mochten identisch mit dem Vortag sein – ich erzielte eine andere Wirkung. Die Ski waren entweder glatt wie ein Abfahrtsski, und zwar vorwärts wie rückwärts, oder es bildete sich in kürzester Zeit eine Plateausohle aus Schnee; noch schlimmer war nur, wenn alles, was an Nicht-Schnee-Material in der Nähe der Loipe war, unlösbar mit dem Belag verklebte. Wie gesagt, ein anstrengender Sport. Aber heute ist das alles viel besser, denn moderne Langlaufski haben ein eingebautes Gefälle!

Auch die Skitour kann anstrengend sein – Mensch *und* Ski müssen ja irgendwie bergauf gebracht werden –, doch überwiegen ganz eindeutig die schönen Seiten. Nicht umsonst kleben sich immer mehr Leute Felle unter die Ski. Die Szene versteht unter einer Skitour alles Mögliche: Da gibt es Menschen wie mich, die wollen eine tolle Abfahrt im unberührten Pulver genießen und steigen dazu auf einen Berg mit möglichst schöner Aussicht. Skibergsteiger haben eher das Ziel im Visier, sprich den Gipfel. Wie sie dann runterkommen, ist sekundär.

Die Hohe Schule des Skibergsteigens ist die Haute Route, eine jener Touren, die gerne mit dem Attribut »legendär« bedacht werden: Sie führt von Chamonix nach Zermatt und ist etwas für Versierte. Die brauchen in der Regel eine Woche für die 155 bis 180 Kilometer, bei denen mehr als 10 000 Höhenmeter im Aufstieg bewältigt werden. Wer sich die Haute Route vornimmt, sollte gut trainiert sein, also so oft wie möglich Skitourenpfade oder auch präparierte Pisten für ein abendliches Ausdauertraining nutzen. Dieses Sportprogramm nach der Arbeit ist gerade in Mode. Wenn oben der gemütliche Hüttenabend wartet, ist der Unterschied zu Squashclub oder Fitnesscenter nicht mehr groß: Schwitzen in Gesellschaft.

Wieder andere laufen gegen die Uhr bergauf. Ganze Rennserien gibt es inzwischen in dieser Disziplin, mit animierenden Namen wie Gamsrenna, Mountain Attac, Jennerstier, Allgäu Vertical, Kitzsteinhorn Extreme oder Patrouille des Glaciers. In dem Namen steckt der Ursprung des Sports: militärische Wettkämpfe auf Ski, sogenannte »Patrouillen«, bei denen nach einem Fünfzehn-Kilometer-Lauf mit schmalen Langlaufski auf Scheiben geschossen wurde. Eine solche Militärpatrouille war eine der neun Disziplinen der ersten Olympischen Winterspiele von 1924, verschwand aber dann wieder von der olympischen Bildfläche. Gewonnen haben die Schweizer vor den Finnen und Franzosen.

Aber das ist doch Biathlon, werden Sie sich jetzt wundern. Im Prinzip schon, doch »Biathlon« war unter diesem Namen erst ab 1960 olympische Disziplin, mit neu definiertem Regelwerk. Das »Rennen auf Schnee und Schießen« ist ein sehr medienwirksames Spektakel. Es mobilisiert eine große Zahl von (Fernseh-)Zuschauern, ohne dass diese zu eigener Aktivität angeregt würden. Aber das ist ja bei vielen olympischen Sportarten so. Beim Skitourenrennen ist das anders: wenig Medienecho, aber viele Aktive. Die achten streng darauf, ihr Equipment so leicht wie nur irgend möglich zu halten, mit winzigen Bindungsbügeln aus Titan, möglichst schmalen Ski und superdünnen Schuhen, die teilweise aus Karbon gefertigt werden.

Der normale Skitouren*geher* kann über die Entwicklung nur staunen. Er freut sich zwar auch, dass er weniger Gewicht in die Höhe schleppen muss, aber seine Tourenski sind immer breiter und tiefschneefreudiger geworden. Standard ist inzwischen der *Rocker*. Das Wort kommt vom englischen Verb *to rock*, schaukeln. Ski in der klassischen Form haben, von der Seite betrachtet, nur kurz vor der Schaufel und dem Ende Bodenkontakt. Ein modernes Skimodell dagegen scheint zu »schaukeln«, weil vor und hinter der Bindung ein leichter Knick Schaufel und Skiende ansteigen lässt wie die Kufen eines Schaukelstuhls. Dadurch schwimmt der *Rocker*-Ski auf dem Schnee, lässt sich leichter drehen und unterstützt so den Fahrer. Der fühlt sich dann so entspannt wie im Schaukelstuhl. Funktioniert am besten im Tiefschnee und auf Firn.

Firn ist für Skifahrer so etwas wie das Blattgold auf der Torte. Zugleich aber eine Frage des Timings. Denn Firn entsteht an warmen Frühjahrstagen auf sonnigen Hängen, wenn die nachts gefrorene Oberfläche auftaut. Daher ist der Zeitpunkt wichtig: Wer zu früh kommt, kratzt auf einer eisharten Schicht rum – die aber das Aufsteigen leicht und angenehm macht. Wer den richtigen Zeitpunkt erwischt, der kann die Abfahrt sogar akustisch genießen: Richtiger Firn, also die blätterteigfeine Sorte mit kleinen Butterflöckchen obendrauf, zischt beim Fahren, rauscht ein bisschen, beschwingt und macht geradezu süchtig! Wer zu spät kommt (oder die Kraft der Sonne unterschätzt), erlebt statt einer prickelnden Abfahrt fieses Eiern und Rutschen im wadentiefen Schneematsch.

Auch Tiefschnee ist ein launischer Gast. Mal kommt er, mal kommt er nicht. Mal geht er ganz schnell wieder, mal bleibt er lange und wird immer dicker und dicker. Schneekanonen können ihn nicht ersetzen, denn sie liefern kein Pulver, sondern lauter kleine Kugeln, die sich zwar zu Pisten verarbeiten lassen, aber dem echten »g'führigen Schnee« nicht das Wasser reichen können. Die Touristiker sprechen übrigens von »maschinellem Schnee«, weil »Kunstschnee« nicht so sympathisch klinge. Ich weiß nicht recht – mir ist die Kunst allemal lieber als eine Maschine.

Die Diskussion um Beschneiung, um den Bau von Speicherteichen, Rohrleitungen und Kraftwerken will ich hier nicht eröffnen. Im Widerstreit der Pole Naturschutz und Sicherung touristischer Arbeitsplätze hilft meiner Meinung nach nur Augenmaß. Ich bin überzeugt, dass beschneite Pisten auch für Skitourengeher schon bald zum Standardangebot großer Skigebiete gehören werden – dann wahrscheinlich mit einem ganz innovativen und zugkräftigen Namen.

Sie halten das für utopisches Gefasel? In Oberammergau hat die Zukunft schon begonnen: Im Skigebiet am Kolben gibt es seit 2011 die erste »beschneite Aufstiegsroute im Alpenraum«. Und das in einem Skigebiet, das fast nur blaue Pisten hat. Aber die werden regelmäßig von Skitourengehern gestürmt, von den abendlichen Ausdauerathleten, die mittlerweile ein nicht unproblematisches Massenphänomen geworden sind, zumindest in Gebieten inmitten dichter Besiedelung oder in solchen, die von Städten wie München, Innsbruck oder Salzburg aus leicht zu erreichen sind. Nicht unproblematisch ist die Entwicklung deshalb, weil hier verschiedene Interessen, Ansprüche und Philosophien aufeinanderprallen: Das Grundrecht auf freies Betreten der Natur steht gegen die Eigentumsrechte der Liftbetreiber, die ihre Investitionen in Beschneiung, Präparation und Sicherung der Pisten (und in Parkplätze) verkaufen und nicht der Allgemeinheit gratis zu Verfügung stellen möchten. Dazu kommen die Unfallgefahr – nächtliche Skiläufer können mit Pistengeräten kollidieren –, das Gewohnheitsrecht der Jäger auf ungestörte Nächte, die Sorgen der Naturschützer um das Wild und das Bedürfnis der Freizeitsportler, sich in frischer nächtlicher Luft vom anstrengenden Alltag zu erholen. Auch hier hilft nur Augenmaß. Der Deutsche Alpenverein hat entsprechende Regeln aufgestellt, und viele Skigebiete versuchen den Druck der Nachtaktiven durch »Hüttenabende« zu kanalisieren. Parallel dazu hat das juristische Hickhack eingesetzt, mit Prozessen und Verboten.

Es geht ja auch um viel Geld, denn Pisten bedeuten großen finanziellen Aufwand, und die Skigebiete werden immer größer – offenbar ist die Anzahl der Pistenkilometer das wichtigste Kriterium für den aus der Ferne buchenden Gast. Das Gebiet *Ski amadé*, ein Zusammenschluss mehrerer Orte im Salzburger Land, veröffentlicht auf seiner Website genaue Zahlen: Die Beschneiung verschlingt ein Viertel der Gesamtkosten, neunzig Prozent der Pistenflächen können beschneit werden, dafür gibt es mehr als 4500 »Schneekanonen«. Das klingt gewaltig – und doch habe ich auch auf der Piste meist das Gefühl, in der Natur unterwegs zu sein. Das beweist wohl, wie sehr ich die allgegenwärtigen Geräte ausgeblendet habe.

Schauen wir uns die Kosten genauer an: Im Gebiet *Ski amadé* kostet der Kubikmeter Kunstschnee 3,50 Euro. Das scheint gar nicht mal so viel, denn im Münchner Raum sind allein fürs Wasser (mit Abwassergebühr) zwei bis drei Euro pro Kubikmeter fällig. Von jedem Tagesskipass, so berichtet die Statistik für den Winter 2012/13, gehen durchschnittlich 6,70 Euro in die Beschneiung. Pro Tag erwirbt ein Skifahrer also knapp zwei Kubikmeter Schnee. Als Schneekubus vorgestellt, scheint das viel, wollte man daraus aber eine Piste machen, einen Meter breit und zehn Zentimeter dick, so käme man gerade mal zwanzig Meter weit. Aber so eine Rechnung hat wohl nicht viel Sinn.

Freuen wir uns lieber über die Naturpisten, die es in den Alpen immer noch gibt. Bei der Armentarola am Lagazuoi schießt einen die Seilbahn in nur drei Minuten steil hinauf auf 2750 Meter – und da steht man erst mal und staunt. Denn der Lagazuoi ist einer *der* Aussichtspunkte der Dolomiten, egal ob man im Sommer über den versicherten Kaiserjägersteig hinaufschnauft oder im Winter in voller Skiausrüstung zu dem kleinen Panoramaplateau bei der Hütte steigt. Mit Schnee finde ich die »bleichen Berge«, wie die Dolomiten gerne genannt werden, noch ein bisschen eindrucksvoller. Denn da sind sie nicht bleich, sondern kontrastieren rötlich leuchtend mit dem blitzblanken Weiß – erst recht, wenn unten im Tal eine graue Wolkendecke hängt, die das Menschenwerk zum Großteil gnädig verdeckt. Der Blick schweift vom Langkofel über Sella, Marmolada, die Pale di San Martino, Civetta und Pelmo zum Antelao. Wir könnten sogar Messners Dolomites-Museum auf dem Monte Rite erspähen, aber den Blick fangen die Tofane: Wie eine massige Wand staffeln sie sich im Osten, gehen über in die Fanesspitzen, die mit ihrem waagrechten Band ein wenig an die Sella erinnern, und laufen aus in Piz dles Conturines und Lavarella. Davor stürzt sich die Armentarola-Piste in einem großen Zick-Zack ins wilde Fanestal hinab, vorbei an der urigen Scotonihütte (an der man eigentlich nicht vorbeifahren kann), bis die Strecke am Sass Dlacia so flach wird, dass das Schieben nervt. Da kommt der ökologischste Skilift der Alpen gerade recht: Pferde ziehen den Skifahrer wieder zurück in die Welt der Lifte und Abfahrten.

Und die ist vielfältig. Denn Piste ist nicht gleich Piste. Und Bewertung ist nicht gleich Bewertung. Ist Ihnen schon mal aufgefallen, dass es in fast jedem Skigebiet blaue, rote und schwarze Pisten gibt? So als gäbe es keine Norm – allenfalls die Norm, dass jedes Skigebiet Blau, Rot und Schwarz bieten muss, egal, wie die Topografie aussieht. Eine rote Piste, also eine durchschnittlich schwere, kann daher in vielerlei Gestalten auftreten: In einem Familienskigebiet mag sie sanft und wenig geneigt sein (dann sind die schwarzen leicht geneigter und die blauen fast eben). In einem sportlichen Areal dagegen ist sie steil und bucklig (dann sind die schwarzen vom Niveau der Streif *nach* dem Hahnenkammrennen und die blauen vom Niveau der Kandahar in Garmisch-Partenkirchen *vor* dem Weltcup). Dazu gibt es neuerdings noch *Funslopes*, die mit sanften, künstlichen Buckeln und Wellen Abwechslung in die breit planierten Trassen bringen.

Manche Skigebiete können auf all so etwas verzichten: Juf im hinteren Averstal ist ein Beispiel. Wir haben die höchste dauerhaft bewohnte Siedlung der Alpen schon im Sommer besucht, aber die Winter sind nicht minder grandios. Drei Lifte gibt es dort, alles Schlepplifte: einen Mini-Zubringer zu den Hotels, einen kurzen mit leichter – blauer – Piste und einen langen, dessen Pisten manchmal rot, manchmal schwarz markiert sind, je nachdem, welchen Pistenplan Sie konsultieren. Aber denken Sie jetzt bloß nicht, die Leute in Juf hätten keinen Plan! Im Gegenteil: Der lange Lift ist ein Musterbeispiel für Geradlinigkeit. Tscheischa heißt er, wie das Horn dahinter, und startet auf 2000 Metern. Dann geht es rasant 560 Meter in die

Höhe – und die zweieinhalb Pisten daneben stürzen sich ebenso zackig und ohne viel Gekurve 560 Meter in die Tiefe. Siebeneinhalb Minuten dauert die Auffahrt – man schafft also fünf bis sechs Fahrten in der Stunde. Alles auf reinem Naturschnee, denn Schneekanonen gibt es hier oben nicht! Nach zwei Stunden Rauf-Runter sind auch gute Fahrer platt: ein tolles Training, das manchen Skifahrern guttäte.

So sah ich einmal auf der ziemlich steilen Spinale Diretta in Madonna di Campiglio eine Skifahrerin, die versuchte, zu Fuß abzusteigen. In Skischuhen, die Ski in der Hand – das musste schiefgehen. Ich bot ihr Hilfe an. Sie war völlig fertig und total verängstigt. Ich erfuhr, dass sie Serbin war, und bald brach ein so überschäumender Zorn aus ihr heraus, dass mir angst und bange wurde. Ihrem Begleiter offenbar auch, denn er hatte sich weiter unten an den Pistenrand verdrückt und sah aus, als würde er am liebsten im Schnee versinken. Ihr Mann? Nein, ihr Schwager. »Chhe chhates me, chhe trrrrries to chkill me!«, stieß sie hervor: »I chkill him, I chkill chhim!« Ich nötigte sie in ihre Ski, denn nur so konnte ich sie an dem steilen Hang einigermaßen kontrollieren. Dann rutschten wir gemeinsam seitwärts ab, und ich brachte sie mit viel Körper- und Nerveneinsatz zu Tale. Ihr Schwager zog es vor, außer Hörweite vorauszufahren (»Laterrrr I chkilll chhim!!!«) und am Lift zu warten. Am Nachmittag traf ich die beiden im Sportgeschäft wieder, wo sie sich neue Stöcke aussuchte (»Must not brrreackk!«) und er Chhelme probierte.

Das wäre ein schöner Schlussgag dieser Episode gewesen, aber leider ist der letzte Satz erfunden – weißer Rausch sozusagen. Dieser viel strapazierte Begriff geht auf eine Reihe von Filmen zurück, die Arnold Fanck in den Zwanzigerjahren produzierte. Am bekanntesten ist die dritte Folge »Der weiße Rausch – neue Wunder des Schneeschuhs« mit Leni Riefenstahl und Hannes Schneider (1890–1955). Schneider ist der eigentliche Star des Films, kühn und schön, wie Skilehrer eben so sind. Im echten Leben gründete er 1920 in St. Anton am Arlberg die erste Skischule Österreichs. Nach dem »Anschluss« Österreichs an Nazi-Deutschland wurde er verhaftet, Nazitruppen verwüsteten seinen Laden und sein Hotel. 1939 konnte er mit seiner Familie nach New Hampshire emigrieren, wo er ein kleines Skigebiet nach seinen Vorstellungen formte.

Hannes Schneider ist so etwas wie der Urvater der Skilehrerausbildung, er hatte die Idee, Lehrinhalte zu »normieren«, wodurch Lernschritte definierbar und Fortschritte vergleichbar wurden. Weltweit normiert ist der Skilehrplan deswegen aber noch lange nicht. Jedes Land hat seine eigenen Feinheiten, wenn es darum geht, den Schwung auszulösen, der den Skischüler in eine kontrollierte Kurve führen soll. Auch die Skilehrerausbildung differiert etwas. Mal werden Praktikumswochen bei einer Skischule vorausgesetzt, mal steht am Anfang ein Lehrgang mit Abschlussprüfung. Der erste Schritt heißt dann »Skilehrer Level 1« (Deutschland), »Aspirant SSSA« (Schweiz) oder »Anwärter Ski-/SchneesportlehrerIn« (Tirol). Dabei müssen Schweizer Nachwuchsskilehrer mindestens neunzehn Jahre alt sein, während ihre Tiroler Kollegen schon mit sechzehn zu Kurs und Prüfung antreten können.

Oder auch schon mit fünfzehn, sofern sie im Laufe des Winters sechzehn werden. Die Ausbildung findet nicht nur in den Schulferien statt – es liegt daher an den Eltern, Klassenlehrer und Schulleitung davon zu überzeugen, dass der Kurs eine »berufsfördernde Maßnahme« ist. Und am Jung-

Skilehrer, etwas daraus zu machen. Ich kenne eine Nachwuchskraft, die die Prüfung zwei Monate vor ihrem sechzehnten Geburtstag absolvierte, am 23. Dezember, einem Freitag. Am Samstag brach der Weihnachtsferienwahnsinn los, und sie wurde mit einer Gruppe von dreizehn Skikindern losgeschickt, von denen elf nur Holländisch sprachen. Das Ganze bei strömendem Regen. Sie war selten so erschöpft gewesen wie nach diesem Tag – aber auch selten so glücklich über einen Erfolg!

Der Deutsche Skilehrerverband aber warnt vor überzogenen Hoffnungen: »Ruhm und Reichtum kann der Schneesportlehrer leider nicht erwarten.« Die österreichischen Kollegen dagegen sehen die Lage ganz anders: Die Website *snowsporttirol* des Tiroler Skilehrerverbands verheißt einen »Traumberuf mit guten Verdienstmöglichkeiten und ganz tollen Zukunftsperspektiven«. Ja, in Tirol geht was! Und wenn Skilehrer oder Skilehrerin mit an die Schirmbar gehen, dann ist Après-Ski noch mal so schön, bei geistigen Getränken und geistvollen Gesprächen!

Feuilleton: Vom Geist der Berge

Hohe Berge haben mit hoher Kunst nicht unbedingt zu tun. Aber Gefühle lösen sie allemal aus – da wird die Spanne ganz weit. Sie reicht von einem begeisterten Goethe bis hin zu einem entsetzten Machar.

Den Ersten kennen Sie, den reisenden und dichtenden Geheimrat, der da schrieb: »Nun ging mir eine neue Welt auf. Ich näherte mich den Gebirgen, die sich nach und nach entwickelten.« (Italienische Reise I, 7. September 1786, zwischen Wolfratshausen und Benediktbeuern). Der Zweite, Josef Svatopluk Machar, ist ein böhmischer Schöngeist, der um 1910 nach Rom reist – in die Welt der edlen Antike! – und dabei die Berge durchqueren muss: »Ich begreife nicht, wie diese Alpengegenden jemandem gefallen können… nirgends ein weiter Horizont, und Sonne nur stellenweise, nur wie ein geduldeter Eindringling – eine widerwärtige Landschaft!« (notiert während der Eisenbahnfahrt von St. Pölten nach Triest). Wieder andere, selbst kletternde »Eindringlinge«, besingen die »widerwärtige Landschaft« mit großen Worten – so wie Emilio Comici. Er erkletterte 1933 als Erster die Gelbe Kante der Kleinen Zinne, eine ausnehmend schöne und stolze Felslinie, für die er diese Worte fand:

Sie sieht aus wie der Bug eines phantastischen Überseedampfers, der in diesem Meer aus Geröll auf Grund gelaufen ist, oder wie die Schar eines zyklopischen Pflugs oder wie die Schneide eines glühenden Schwertes, die sich 330 Meter hoch aus gewaltigen gelben Vorsprüngen reckt.

Wow! Ja, so mögen wir die Alpen – oder finden Sie, dieses Kapitel rutscht in eine Art Klischee-Abfrage für Gebildete ab?

Dann werden wir es gleich mal erden, mit einer oberbayerischen Bedienung. Sie tritt auf in einem Alpenkrimi. Dieses boomende Genre bringt viel Makulatur hervor, aber »Gottesfurcht« von Nicola Förg gehört nicht dazu. Förg lässt darin einen Oberbayer und einen Allgäuer in einem lüftlbemalten Gasthaus einkehren:

Sie setzten sich. Lange passierte nichts.
»Sollten wir nicht mal die Bedienung rufen?«,
fragte Gerhard.
»Eine bayerische Bedienung ruft man nicht!«
Sie kam dann tatsächlich nach etwa zehn Minuten freiwillig, knallte eine Karte auf den Tisch und brummte:
»Was wollts?«
»Zwei Weißbier«, brummte Baier.
»Essen?«
Baier schüttelte den Kopf.
»Hätt auch nichts gegeben. Erst abends.«

Sie finden das *nicht* komisch? Ich gratuliere! Dann sind Sie entweder Oberbayer – oder gut assimiliert. Oder gehören einem anderen Volksstamm an, dessen Vorstellungskraft überfordert ist von so viel Klarheit – dann gratuliere ich erst recht!

Die Alpen polarisieren eben, auch in der Kunst. Schauen wir, was die Maler aus den Bergen machten. Als *der* Schweizer Maler schlechthin gilt Ferdinand Hodler (1853–1918), der in einem idealistischen Realismus Landschaften und eidgenössische Symbolbilder schuf. In Solothurn hängt sein großartiger Tell, der uns zu Schiller führt, zu dem Rätsel, dass dieses Schauspiel mit seiner Vielfalt von landestypischen bäuerlichen Szenen von einem deutschen Dichter verfasst wurde, der nie in der Schweiz war. Der Schweizer Giovanni Segantini (1858–1899) lebte in Savognin und Maloja, wo er das Leben der Bündner Bauern malte. Zu seinem vielfältigen und widersprüchlichen Werk gehören Bilder voller reportagehaft anschaulicher Details, aber auch große Berglandschaften, in denen die Menschen nur Beiwerk sind. Strahlendes Licht gibt ihnen eine Aura von Ewigkeit. Am eindrucksvollsten sehen wir dies im »Alpen-Triptychon« mit den Szenen »Werden – Sein – Vergehen«. Es hängt in St. Moritz im Segantini-Museum.

Aus Deutschland kam Ernst Ludwig Kirchner (1880–1938) um 1918 nach Davos. Der Expressionist stellte die Bündner Berge in einer starken, farbintensiven und berührenden Malweise dar, wild und zackig, aber dann auch wieder ganz zart.

Fast noch höhere Preise als Kirchner erzielt inzwischen Alfons Walde (1891–1958) mit seinen Bauernhäusern, Skiläufern und nackten Schneehaserln. Für sechsstellige Summen bekommt man einen echten Walde in Öl, aber nicht immer ein »echtes Original«. Denn Walde, der fleißig war und fast wie am Fließband malte, wurde – und wird – gern kopiert. Aber ich mag seine Bilder: Ein klares und warmes Winterlicht liegt über seinen Landschaften, sonnenverbrannten Stadeln und Sportszenen. Es sind typische Motive, die man noch heute so in den Kitzbüheler Alpen wiederfinden kann. Nur einer unbekleideten Skischönen bin ich dort noch nicht begegnet.

Lauschen wir lieber mal in die Berge. Auf Mahler, der im Lauf seines Lebens gleich mehrere Komponierhäuschen benutzte, in Toblach, am Wörthersee und am Attersee am Fuß des Höllengebirges. Dort erklärte er einem Freund: »Sie brauchen gar nicht mehr hinzusehen, das habe ich alles schon wegkomponiert.«

Oder auf Richard Strauss. Für seine »Alpensinfonie« meinte er es ernst mit der Erhabenheit der Berge: Das große Orchester umfasst zwei Harfen (Strauss: »womöglich zu verdoppeln«), zwei Pauken sowie das Schlagwerk mit Windmaschine, Donnermaschine, Glockenspiel, Becken, großer Trommel, kleiner Trommel, Triangel, Herdengeläute (Kuhglocken), Tamtam. Von drei Spielern zu bearbeiten. Ja, das ist wirklich allerhand Tamtam! Und schön dazu: das Herandämmern des Morgens, der sanfte Weg durch den Wald, die Ungewissheit beim Abkommen vom Weg, die jubelnde, aber nicht laute Freude am Gipfel und die nachdenklichen Gefühle beim Blick in die Weite, der Gewittersturm und schließlich die glückliche Rückkehr ins Tal. Strauss (1864–1949) hatte das ganze Programm seiner Sinfonie als Jugendlicher bei einer Wanderung auf den Heimgarten (1790 m) erlebt, unmittelbar danach auf dem Klavier nachempfunden und die Schrecknisse wohl auf diese Weise verarbeitet. Oder wollte er den Lebensweg des Menschen im Nietzsche'schen Sinne vertonen? Das Werk wurde 1915 in Berlin uraufgeführt. Strauss lebte damals in Garmisch-Partenkirchen, das ihm zu Ehren alljährlich ein Musikfestival veranstaltet.

Eine ganz besondere Veranstaltung sind die *Suoni delle Dolomiti*, die »Klänge der Dolomiten«: eine Reihe von Konzerten mitten in den Bergen, die jeden Sommer das Trentino erklingen lassen. Da gibt es Großveranstaltungen auf der Wiese neben der Seilbahn, Auftritte der berühmten Trentiner Bergsteigerchöre auf Plätzen in den Dolomiten, aber auch mehrtägige Wanderungen mit Musikern und ihren Instrumenten.

Der Cellist Mario Brunello spielt und wandert immer mit, als Urgestein und Star der *Suoni*. Einmal war ich mit ihm und der begnadeten Violinistin Isabelle Faust am Fuß des Cevedale unterwegs, in jenen Bergen südlich des Ortlers, die für die meisten deutschsprachigen Bergsteiger Terra incognita sind. Da wir dort die süßen Beeren gekostet haben, sind sie Ihnen nicht mehr ganz fremd. Mario Brunello versprühte Fröhlichkeit. Trotz des gewaltigen roten Cellokastens auf seinem Rücken. Da drin steckte sein Maggini-Cello aus dem 17. Jahrhundert. Der Wert? Unbezahlbar! Und das Gewicht? Halb so schlimm, winkte Mario ab, der Kasten sei aus Carbon, so müsse er nicht mehr als zehn Kilo schleppen.

Er liebt diese schroffe Urlandschaft, das spürte man. »In den Bergen möchte ich immer spielen«, sagte er: »Bessere Konzertsäle gibt es nicht!« Als er sich mit Isabelle in der Nähe des Rifugio Cevedale an den kleinen Lago delle Marmotte, den Murmeltiersee, setzt, um auf 2700 Metern Ravel und Bach zu spielen, da schweigen die Murmeltiere – kein einziges pfeift –, nur ein Bach rauscht leise in der Ferne. Am Tag drauf war der Moosgletscher (Vedretta Cáreser) Bühne für zwei ergreifende Stücke des jungen Wolfgang Amadeus Mozart. Isabelles Stradivari ließ den Gletscher vibrieren. Ja, eine echte Stradivari war da mit uns auf Tour, eine der wertvollsten und am schönsten klingenden überhaupt, die *Addormentata* (»Dornröschen«). Fast konnte man meinen, dass auch die Natur uns lauschte, denn in dem Moment, als Isabelle und Mario ihre Bogen absetzten, als die letzten Obertöne nur noch im Ohr und im Kopf zu spüren waren, da brach ein heftiger Wind los. Als habe er gewartet.

In den großartigsten Inszenierungen der Bergwelt spielen Mensch und Natur perfekt zusammen. Etwa auf dem Monte Rite, südlich von Cortina. Dieser Dolomitengipfel in Form eines Tafelbergs, fast 2200 Meter hoch, wurde ab 1912 als italienische Kampfstellung ausgebaut und in eine gewaltige Festung verwandelt, gehörte doch das nahe Cortina damals zu Österreich-Ungarn. Gegen Ende des Krieges gesprengt, lag er jahrzehntelang im Dornröschenschlaf. Die Versorgungspiste durch die steile Südwand verfiel allmählich, und als ich 1975 bei meiner 33-Pässe-Fahrt vorbeikam, gab es zwar kein ernst zu nehmendes Verbotsschild, aber auf halber Höhe versperrte ein Felsblock die Straße. Leider bin ich damals nicht zu Fuß hinaufgestiegen.

Reinhold Messner hat das ein paar Jahre später getan – und einen magischen Gipfel und das wohl schönste Dolomitenpanorama entdeckt. So entstand aus der Ruine das *Messner Mountain Museum Dolomites*. Es erzählt die alpinistische Erschließungsgeschichte der Dolomiten, mit Devotionalien der wichtigsten Bergsteiger und Kletterer sowie Gemälden von der Romantik bis zur Gegenwart.

Drei Bergskulpturen des Münchner Bildhauers Stephan Huber beherrschen den langen Mittelgang der Festung: Antelao, Pelmo und Civetta. Nischen im Sockel nehmen fiktive Bücher auf, das Werk »Der Marmormensch« von Mallory und Messner aus der Edition Second Step etwa, oder »Bella Vista« von Thomas und Alexander Huber aus dem Verlag pure form. Das erste nimmt Bezug auf den Fund der »Marmorleiche« von George Mallory, der 1924 am Everest umgekommen war, das zweite verklärt eine Kletterroute der berühmten »Huberbuam« – so ironisiert Stephan Huber die Berge als Arena der Selbstverwirklichung. Sonst ist hier oben alles ernsthaft und hehr, durch die schießschartengroßen Fensterchen fällt der Blick auf die dramatischen Wände der Bosconero-Gruppe.

Der Clou des Baus sind drei Glastürme, in die der Besucher vom Museum aus hinaufsteigen kann und deren Form an Kristalle aus Dolomit erinnert. Wenn der Abend herniedersinkt und das Museum längst geschlossen hat, steht man auf der meterdicken Betondecke der einstigen Festung, die im Krieg per Seilbahn über unvorstellbare neun Kilometer aus dem Tal versorgt wurde. Der 360-Grad-Rundblick umfasst Civetta, Marmolata, Pelmo, die Tofane, Sorapis, Antelao, Marmarole. Dazwischen schimmern die Reflexe der Glaskuppeln, verfärben sich langsam von Orange-, Rot- und Lilatönen zum Tiefblau der Nacht.

Sogar übernachten kann man hier oben, aus den Soldatenunterkünften entstand eine einfache, urige Berghütte. Gekocht wird deftig im Stil der Cadore-Täler, und wer Glück hat, bekommt Yakgulasch mit Polenta serviert – sensationell! Die Yaks weiden im Sommer am Monte Rite, den Rest des Jahres verbringen sie auf einer wiederbelebten Alm am Hang gegenüber. Sie stammen aus Sulden, wo

Reinhold Messners erste Herde steht. Wie die Tiere aus Tibet an den Fuß des Ortlers kamen, ist eine wilde Abenteuergeschichte aus dem Kreis der wilden Abenteurer um Reinhold Messner und Paul Hanny. Sogar ein wildes Lied gibt es dazu, gedichtet vom Südtiroler Urpoeten Jul Bruno Laner, das gerne vom Coro Laurino dargeboten wird: »Es fliegt ein weißes Yak nach Sulden«.

Der Yak-Schieber Paul Hanny ist ein ideensprühendes Marketing-Genie und seit langer Zeit so etwas wie das touristische Herz Suldens. Er hat das Gletscherdorf international bekannt gemacht, auch bei Michael Jackson oder Angela Merkel. Aber was heißt »Gletscherdorf«: Für Hanny ist es der »Freistaat Sulden«. Seine Währung, der »Sulden Tschosch« der »Bank of Sulden« (»Präsident: Hanny Paul«), ist bunt und zeigt Szenen aus Hannys Leben wie »nackt Hoteldieb gefangen« oder die Kuh, die 18 000 Mark gefressen haben soll. Zehn Tschosch entsprechen drei Euro. Damit kommt man im Suldener »Yak & Yeti« nicht allzu weit, denn Reinhold Messners Restaurant serviert Qualität. Und die hat ihren Preis, ob mit Yak oder fleischlos kräuterreich. Dafür ist der gut 400 Jahre alte Bauernhof, den Messner vor dem Verfall gerettet hat, mit seinen hölzernen Stuben und Kammern auch eine Augenweide.

Gleich daneben versteckt sich das *Messner Mountain Museum Ortles* in der Erde, führt den Besucher gewissermaßen in den Berg hinein. Auf dem begrünten Dach grasen Ziegen, und innen reißt eine Zackenlinie die Decke auf: Durch diese gläserne Gletscherspalte blickt der Ortler (3905 m) auf die »weltweit größte Sammlung von Ortler-Bildern«, so die Eigenwerbung des Museums. Dessen Thema ist das Eis, »die Schrecken des Eises und der Finsternis«, angelehnt an den Titel eines Romans von Christoph Ransmayr. Es geht also auch um Lawinen. Vorsicht: Eine verbirgt sich hinter einem unauffälligen Fensterladen! Im Dorf Sulden steht ein winziges Gebäude, das »Floh- häusl«. Hier durften früher Bergsteiger nächtigen, inzwi- schen hat es Reinhold Messner gekauft (nein, nicht armen Alpinisten weggenommen: Das Übernachtungsrecht be- stand schon lange nicht mehr). Im Flohhäusl, so steht es an die Wand geschrieben, »wird eine andere Geschichte des Alpinismus erzählt: Sie folgt dem Riss, der zwischen Idee und Tat der besten Bergsteiger klafft.« Das Häuschen birgt eine Sammlung von Dingen, die den Widerspruch in sich tragen, die eigentlich gar nicht existieren dürften: etwa der Hammer des Haken-Verächters Paul Preuss, der Meißel des bekennenden Freikletterers Emilio Comici oder ein Stein vom Gipfel des heiligen Berges Kailash, den niemand besteigen darf. Reinhold Messner hatte zwar 1985 die Genehmigung dafür, nutzte sie aber aus Achtung vor der Heiligkeit des Berges nicht. Die Gerüchte, dass er den- noch »schnell mal oben« gewesen sei, glaubt natürlich nie- mand. Und es gibt noch eine ironische Messner-Reliquie, seinen »Gipshax«. Den brauchte der trittsichere Held, der als Erster auf allen Achttausendern stand, nach einem Sturz von der Mauer seines Schlosses Juval. Einer der schlimme- ren Abstürze in seinem Leben als Extrembergsteiger. Vor- ausgegangen war ein kleiner Absturz mit Günther Jauch (mit *einer* Flasche Wein). Jedenfalls stand Messner danach ohne Schlüssel vor seinem Schloss und dachte, er könne mal eben über die (drei Meter hohe) Mauer steigen.

Das *Messner Mountain Museum Juval* steht ein Stück wei- ter etschabwärts, in großartiger Lage auf dem Felssporn, unter dem das Schnalstal einmündet. Schloss Juval ist ein- fühlsam als mittelalterliche Ritterburg mit neuzeitlichem

Komfort gestaltet. Mit alten Kachelöfen und modernen Glasdächern, die die Struktur der halb verfallenen Bauteile nicht verbergen. Dazu hat Messner, der die Burg 1983 kaufte, das alte bäuerliche Umland wiederbelebt, mit Viehzucht, Weinbau und einer urigen Wirtschaft. Der Schlossherr gibt als ökologisch wirtschaftender Landwirt und Pachtherr etlichen Bergbauernfamilien Arbeit und Brot. Diese Art zu wirtschaften bewahrt die traditionelle Kulturlandschaft Südtirols, deren Flächen zu verbuschen und zu verwildern drohen, wenn sie keiner hegt und pflegt.

Juval kann man im Frühjahr und Herbst besichtigen, bei der Führung geht es um den »Mythos Berg«. Zu sehen sind Messners großzügige Privaträume, die Marmeladenregale seiner Frau, sein Ausrüstungslager, eine fernöstliche Andachtskammer und verwirrend viele Kultobjekte aus dem Himalaja: vielerlei Tibetika, Masken, Tierskulpturen und Gemälde der heiligen Berge der Welt. Im Juli und August wohnt Messner hier oben und genießt das Leben als Burgherr. Habe ich »genießt« geschrieben? Messner und genießen? Doch, das kann er schon, lebensfroh und barock, vor allem gutes Essen und Trinken. Aber am Pool liegen – nein, das passt nicht zu dem Reinhold, den ich kenne. Ich glaube, dass er sich entweder aktiv am Berg erholt oder beim Grübeln, Scribbeln, Austüfteln von neuen Projekten.

Das *Messner Mountain Museum Firmian* war wohl so ein Projekt. Die Burg Sigmundskron bei Bozen war lange Jahre eine jener Immobilien, die unbeachtet verkommen, obwohl sie eigentlich grandios sind. Großartig ist schon die Lage hoch über der Stadt und über der Vereinigung von Eisack und Etsch: ein natürlicher Wachposten seit Jahrtausenden, erstmals erwähnt bereits 945. Ihre heutige Gestalt mit bis zu fünf Meter dicken Mauern erhielt die Burg in den Jahren um 1475, als der Tiroler Landesfürst Sigmund der Münzreiche sie zu einer Festung ausbauen ließ. Jahrhunderte später, im November 1957, machte der spätere Landeshauptmann Silvius Magnago sie zum Kristallisationspunkt der Südtiroler Autonomiebewegung, als er über 30 000 Südtiroler im Burghof versammelte und unter dem Schlachtruf »Los von Trient!« eine eigenständige Politik für Südtirol forderte. Die Dauerausstellung im Weißen Turm zeigt den Weg der Südtiroler zu ihrem heutigen Autonomiestatus. In den Jahren nach 1957 scheint die Burg vergessen oder ausgeblendet worden zu sein: Direkt neben der romantischen Ruine waren eine gewaltige Mülldeponie und ein Lager von »Nomaden« entstanden (so nennt man in Südtirol, angelehnt an den italienischen Usus, Roma und Sinti). Die Deponie gibt es noch immer, aber sie ist, wie heutzutage üblich, diskret in die Landschaft eingebettet und wird laufend renaturiert, während das fahrende Volk jetzt in kleinen Lagern am Rand der Stadt campiert oder campieren muss.

Der Besucher erkundet *Firmian* über eiserne Treppen, Gitterroste und auf teils in den Berg geschnittenen Gängen. Der Blick auf Schlern, Ritten, Bozen, Etschtal und die weißen Gletscherberge in der Ferne beeindruckt tief, vor allem im Dialog mit den dunkelroten Porphyrsäulen, die eine Laune der Natur hier hingestellt hat. Sie strecken sich mitten im Mauerring der Burganlage gen Himmel, zeigen den zeitenalten Schlot des Vulkans. Obendrauf thront – wie ein Deckel auf der erstarrten Lava – die Burgkapelle aus dem Mittelalter, die der Besucher nicht betreten darf. Viel hat Messner hier zusammengetragen: Reliquien aus der kollektiven Erinnerung des Bergsteigens, drastische Götterstatuen, Bilder, Siegel und Dokumente, aber auch Kunst der Gegenwart. Manches mag einem bekannt vorkommen: Stephan Hubers weiße Gipsberge kennen wir von *Dolomites*, Schaufensterpuppen in alpinistischer Ausrüstung gibt es auch in Sulden und Berglandschaften in Öl ohnehin allerorten. Aber Messner erklärt ja ohnehin: »Ich tue immer nur das Gleiche.« Soll heißen: Kunst kombiniert mit alpinen Reliquien erzählt Geschichte und Geschichten. Und zum Ausklang fragt Bob Dylan als Endlosschleife: »How many years must a mountain exist, before it is washed to the sea?« Das passt zu Messners Absicht: »Emotionen schaffen, nicht Kunst erklären.«

Auf dem *Messner Mountain Museum Ripa* gelingt nicht einmal die Emotion. Schloss Bruneck liegt direkt in der gleichnamigen Stadt, ein prächtiges Gebäude mit massigen Mauern und Türmen, wunderschön restauriert. Das Café unter den alten Fresken im lauschigen Innenhof beschäftigt Mitarbeiter aus sozialen Projekten, die sich eifrig um den Gast bemühen. Aber wer direkt vom Ticketverkauf in den Hof spaziert, der ist schon verkehrt: Er hat den versteckten Haupteingang nicht gefunden und also den erklärenden Auftakt der ersten Säle verpasst. Und so misslungen wie der Einstieg, so konzeptionslos ist das ganze Museum, dessen Thema die »Bergvölker« sind – *Ripa* bedeutet »Bergmensch« auf Tibetisch. Es ist eine eklektizistische Zusammenstellung von Messners volkskundlichen Mitbringseln (in die Elgin-Marbles-Debatte wollen wir gar nicht einsteigen, also in die Frage, welches Recht fremde Besucher haben, Kunstwerke mitzunehmen, sie – je nach Sichtweise – zu retten oder zu rauben).

Der Parforceritt durch die Bergregionen der Welt stellt Objekte in den Vordergrund, nicht das Leben der Menschen. Vielleicht ist das Absicht, aber für mich widerspricht es dem Motto des Museums. Es gibt kaum ein Bild eines Menschen, eines fremden Gesichts. Mit willkürlicher Beliebigkeit wird mal dieses, mal jenes Thema (Religion, Alltagsleben, Landwirtschaft, Wasser) angerissen, aber keines auserzählt. Nichts wird lebendig, die Chance wird vertan, einem fernen Bergbewohner in die Augen schauen zu können, das Leben in den Alpen, im Hindukusch, in den Anden oder in Afrika vergleichend verstehen zu können. Auch die Wechselausstellung zu jeweils einem Volk, das, so Messner, »nach Bruneck eingeladen wird«, gewährt nur den Blick durch ein Guckloch.

Weniger wäre vielleicht mehr, denn so ist *Ripa* nicht viel mehr eine Anhäufung toter Objekte. Schade! Denn gerade Messner hat auf seinen inzwischen mehr als hundert Reisen in die Berge der Welt genügend Erfahrungen und Erlebnisse gesammelt, um uns die unterschiedlichen und doch oft ganz ähnlichen Überlebensstrategien zu erklären. Aber so ist das nun mal: Wer die Welt verstehen will, der muss sie selbst bereisen. Und sollte nicht vorzeitig aufgeben: Lassen Sie bloß den Turm nicht links liegen! Er bietet ein tolles Panorama auf Bruneck, auf das Pustertal, das Tauferer Ahrntal mit der weiß blinkenden Festung der Zillertaler Gletscherberge dahinter und auf das Skigebiet Kronplatz gleich nebenan. Dort steht auf 2275 Metern Messners neuester Coup, das *Messner Mountain Museum Corones*. Messner denkt, Zaha Hadid baut – das muss ja ein Erfolg werden! Adelt den Skiberg zum Ganzjahresziel. Und – nomen est omen – setzt Messners Lebenswerk die Krone auf, und zwar passgenau zu seinem 70. Geburtstag am 17. September 2014.

Helden: Mut & Marketing

Darf man das überhaupt? Den Eid der Eidgenossen mit-
schwören? Als Deutscher? Die heiligsten Worte der Schweiz
in den Mund nehmen, feierlich, im Fackelschein?

Doch, man darf, in derber Rupfenhose und Leinenhemd, mit Holzsandalen an den Füßen. Bei den Tellspie-
len in Interlaken sind nicht nur zahlende Besucher willkommen, sondern auch Gäste im Ensemble. Die zahlen
zwar auch, und nicht eben wenig, bekommen dafür aber
eines jener Erlebnisse, die sich normalerweise nicht für
Geld kaufen lassen: mitlaufen mit dem Volk, jubeln, lachen,
mitschreien, schwören, den Applaus genießen.

Auf der Freilichtbühne vor der regengeschützten Tri-
büne ist ein richtiges Dörfchen aufgebaut, samt Kirche und
Zwingburg, mit viel Platz für die galoppierende Reiterei
des Reichsvogts Gessler und für einen heiteren Almabtrieb
mit lebenden Kühen. Die fast lebensgroßen Häuser täu-
schen aber das Auge der Betrachter, erklärt die muntere
Führerin bei einer Tour hinter den Kulissen: Die oberen

Geschosse sind deutlich kleiner als die unteren, um mehr Größe und Distanz vorzugaukeln. Sie unterbricht ihre Führung für einen Apéro und schenkt Wein aus, ein gutes Schweizer Tröpfchen, das eine heitere Plauderei in Gang bringt. So erfahre ich, dass die anderen Teilnehmer an der Führung eine Familie sind und auch, warum die Mutter ziemlich nervös wirkt: Sie darf als Gast bei Tell mitwirken, und das, sagt sie, sei doch »allerhand« – auch für eine erfahrene Volksschauspielerin wie sie. Da kommt, wie aus der Armbrust geschossen, die Frage der Führerin: Ob denn der deutsche Besucher vielleicht auch mitspielen wolle?

Der ist sprachlos. Aber dann siegt das, was Schiller wohl »Männerstolz vor Königsthronen« genannt hätte.

Also: »Ja!« Sprechrolle wird's ja keine sein.

Die Garderobiere für die Gäste herrscht über eine Auswahl von groben Hosen und Kleidern, Leibriemen, ledernen Schulterschurzen, Filzhüten und Holzpantinen. Zoccoli heißen die und sehen höllisch unbequem aus. Aber was hilft's? Ich nehme »einmal alles« und bin für den warmen Sommerabend reichlich overdressed, im Vergleich zu den geübten Laienprofis an meiner Seite, die wissen, dass Hut und Schulterschurz nur bei Regen nötig sind.

»Wilhelm Tell« beginnt mit der grandiosen Massenszene des Alpabzugs – so nennen es die Schweizer: Bei denen ziehen die Tiere wohl von allein, während sie beim bayerisch-österreichischen Almabtrieb offenbar getrieben werden müssen. Eine gar nicht kleine Herde würdiger Kühe mit gewaltigen Glocken stampft mit uns auf die Bühne, Ziegen meckern dazwischen, Älpler tragen auf Saumpferd und Rückenkraxen ihre Käselaibe ins Tal, winken leutselig. Mittendrin wir zwei Gäste im Laienspiel. Ein Mann und eine Frau sind jeweils zugelassen, jeder hat einen »Hüter« an der Seite. Mich begleitet ein älterer Mann, etwa 1,50 Meter groß. Wir verstehen uns auf Anhieb gut, auch sprachlich. So darf ich ebenfalls Steine für den Landvogt schleppen – und schwören. Als Urner Eidgenosse. Ein Schwyzer Kollege begrüßt mich mit der Frage, wie denn die Reise gewesen sei. Mit so viel gespieltem Realismus auch bei den Komparsen hatte ich nicht gerechnet, und mein spontanes »Autobahn« wird wohl keiner im Publikum gehört haben. Nun aber hoch mit den Schwurfingern: »Wir wollen sein ein einig Volk von Brüdern ...«

So jedenfalls legte es Friedrich Schiller, der die Schweiz nie gesehen hatte, den Männern von Uri, Schwyz und Unterwalden in den Mund. Die Rütliwiese über dem Urnersee, dem östlichen Arm des Vierwaldstättersees, ist der historische Ort. Die Überfahrt mit dem Faltboot am nächsten Morgen und der Weg hinauf zur Wiese waren ein schöner Nachklang meines Auftritts (ab der Pause saß ich wieder in moderner Gewandung im Zuschauerraum). Die »Matte heimlich im Gehölz«, so Schiller, ist wahrlich ein herrliches Fleckchen Erde. Der von drei Quellen gespeiste Brunnen trägt zwar ein Schild »Kein Trinkwasser«, aber sonst ist alles wie bei Schiller. Und ja, man kann den Geist des Ortes spüren:

Wir wollen frei sein, wie die Väter waren,
eher den Tod, als in der Knechtschaft leben.
Wir wollen trauen auf den höchsten Gott
und uns nicht fürchten vor der Macht der Menschen.

Auch der andere große Held der Alpen fürchtete sie nicht, die weltliche Macht: Andreas Hofer. Sie erinnern sich?

Zu Mantua in Banden, der treue Hofer war…

Dem Tiroler Freiheitshelden begegnen wir in den Alpen an zwei Stellen: im großen Bergisel-Rundgemälde in Innsbruck und im Passeiertal. In den vier Bergisel-Schlachten von 1809 kämpften die Tiroler gegen Napoleons Truppen für ihre Unabhängigkeit von Bayern. Die Sache ging verloren, Hofer wurde verraten, gefangen genommen und in Mantua erschossen. Das Hofer-Lied, die Landeshymne Tirols, besingt sein Ende, das Rundgemälde seinen größten Sieg, die dritte Bergisel-Schlacht vom 13. August 1809, als die Tiroler Schützen die zahlenmäßig überlegenen Gegner besiegten. Das Panoramagemälde entstand 1896 und zeigt die Schlacht in vielen dramatischen Details und einer geradezu verklärenden Gesamtwirkung.

Andreas Hofers Geburtshaus, der Sandwirt, steht im Südtiroler Passeiertal am Weg zum Jaufenpass, an der alten Handelsroute zwischen Sterzing und Meran. Heute fühlt man sich hier ein wenig »aus der Welt«. Umso beachtlicher, was das Museum Passeier auf die Beine stellt: ein feines Ensemble alter bäuerlicher Gebäude als Freilichtmuseum, einige nur zu Fuß erreichbare Almen als bewahrte Geschichte und das »Mooseum« in einem faschistischen Sperrfort, mit gut aufbereitetem Hintergrundwissen zur Kriegsgeschichte, zu Schmuggel, Politik und dem Alltagsleben der Bergbauernfamilien.

Im Sandwirt zeichnet die Ausstellung »Helden & Hofer« nicht einfach nur das Leben des Volkshelden nach, sondern stellt es in seinen zeitgeschichtlichen Kontext, hinterfragt Religion und Aberglauben, manchmal berührend ernst, manchmal hintergründig und ironisch. Die Installation »Helden & Wir« schließlich stellt den Begriff »Held« auf den Prüfstand, lässt uns selbst einmal ein Star sein – und darüber nachdenken.

Gibt es Bergsteiger, die Stars geworden sind, Idole, Helden? Reinhold Messner (* 1944), als Erster auf allen vierzehn Achttausendern – klar. Sein Gefährte auf dem Everest ohne künstlichen Sauerstoff, Peter Habeler (*1942), als berühmtester Zillertaler – unbedingt. Walter Bonatti (1930–2011), der Alleingänger und Winterbergsteiger, der durch extreme Touren an Matterhorn, Petit Dru und Mont Blanc und später als Reporter zu einem Star der Fünfziger- und Sechzigerjahre wurde – sicher. Hermann Buhl (1924–1957) als Erstbesteiger des Nanga Parbat und Sir Edmund Hillary (1919–2008) als Erster auf dem höchsten Berg der Erde. Seinen Partner Tenzing Norgay (1914–1986) lasse ich hier bewusst in den Hintergrund treten, denn es geht um Helden, nicht um Taten. Und ein Held ist Hillary, auch in Nepal, und zwar dank seiner Stiftung Himalayan Trust, die Schulen und Krankenhäuser baut. Nie werde ich den Schulkinderchor in Monjo im Khumbu vergessen, der mit einem »Hillaaari-Hillaaari«-Lied den Wohltäter besang. Zurück in die Alpen. Mit Kurt Diemberger (* 1932), der gleich zwei Achttausender als Erster bestieg, Broad Peak (8051 m) und Dhaulagiri (8167 m), kommen wir zu den Helden von heute: Die entstehen nicht ohne Taten, aber auch nicht ohne Marketing, ohne aktives Bemühen um Medienpräsenz.

Wer besonders kühn agiert, darf den blau-silbernen Helm mit dem Brause-Büffel aufsetzen, Geld verdienen und die wirklich gefährlichen Dinge tun. Stefan Glowacz (* 1964) ist darin seit Jahren sehr erfolgreich; er hat sich vom Wettkampfkletterer zum medienwirksamen Bergsteiger entwickelt, der seine Abenteuer in großen Reportagen und Diashows präsentiert. David Lama (* 1990) kam 2014 mit dem Cerro-Torre-Film groß raus, einer Dokumentation seines Versuchs, die »Nadel aus Granit« in Patagonien im Freikletterstil zu bewältigen; er lässt noch Größeres erwarten. Dass es ohne Brause geht, beweisen Ueli Steck (* 1976), Eiger-Nordwand-Experte, Solokletterer, *Speed*-Artist und Höhenbergsteiger, oder die fabelhaften Huberbuam Thomas (* 1966) und Alexander (* 1968), die Idole geworden sind: Ihr Schokoriegel-Spot (»*I sicha ned*!«) wurde schnell zum Kultfilm. Hamburger Freunde wollten nicht glauben, dass ich die beiden kenne: Die bergfernen Hanseaten hielten das Duo für eine Erfindung der Werbemacher – zu gut, um wahr zu sein, sozusagen.

Die Huberbuam zeigen ebenso wie Reinhold Messner, dass es für Alpinisten nur ein Ziel gibt: heil vom Berg zurückzukehren! Also das Bergsteigen zu überleben. Ohne Absturz. Und dann den richtigen Ausstieg in ein eigenes Leben zu finden. Das ist nicht immer leicht, wie das Schicksal von Hans Kammerlander (* 1956) zeigt. Der jüngere Seilpartner von Reinhold Messner brillierte wie dieser in seiner Jugend als Kletterer und kam 1982 zum Achttausender-Bergsteigen, als Messner ihn zu einer Cho-Oyu-Expedition einlud. Den Gipfelerfolg errangen sie ein Jahr später, dann folgten sechs weitere gemeinsame Achttausender. Kammerlander war auch dabei, als Messner am 16. Oktober 1986 auf dem Lhotse seine Achttausender-Sammlung vollendete.

Im Sommer 1991 war er noch einmal mit Messner unterwegs, und zwar in den Alpen: Auf der Tour »Rund um Südtirol« maßen sie wandernd und kletternd die Grenze ihres Heimatlandes ab. In sechs Wochen legten sie 1200 Kilometer und 100 000 Höhenmeter zurück und bestiegen mehr als 300 Gipfel. Start und Ziel war die Salurner Klause, die historische Grenzpforte zu Italien (die Etsch überquerten sie mit dem Schlauchboot). Es war eine schöne, medienwirksame Aktion mit einem geradezu historischen – und völlig unerwarteten – Höhepunkt: Die beiden waren zufällig auf der Similaunhütte, als das Ehepaar Simon aus Nürnberg von einem Leichenfund berichtete; tags darauf besuchten Messner und Kammerlander den »Mann vom Hauslabjoch«, heute als Ötzi bekannt.

Für Kammerlander war diese Tour auch wichtig, um über die schrecklichen Erlebnisse seiner Manaslu-Expedition hinwegzukommen, bei der zwei seiner Freunde, Karl Großrubatscher und Friedl Mutschlechner, durch Absturz und Blitzschlag gestorben waren. Auch bei anderen Expeditionen stürzten Seilgefährten Kammerlanders tödlich ab. Er versuchte stets, den Schmerz und Verlust in den Bergen zu bewältigen. Doch die bescherten ihm noch weitere tragische Erfahrungen. Einen seiner dreizehn Achttausender erkennt die offizielle Zählung nicht an, da er nur auf dem Mittelgipfel des Shisha Pangma (8008 m), nicht auf dem Hauptgipfel (8027 m) war. Zum Manaslu ist er nicht zurückgekehrt, um die »Liste« zu komplettieren. Auch seine »Seven Second Summits« sind umstritten – nicht die Besteigungen, sondern die Definition des jeweils zweithöchsten Berges der sieben Erdteile.

Kammerlanders Leben zeigt, wie nah Erfolg und Misserfolg, Gipfelglück und Absturz beieinanderliegen können. Seinen schlimmsten Absturz erlebte er im Herbst 2013, als er in einen Autounfall verwickelt war, bei dem ein junger Südtiroler starb. Das Tragische daran: Hans Kammerlander war mit hohem Blutalkoholwert unterwegs.

Absturz für Einsteiger: Handy & Heli

Ein Absturz kann jedem passieren. Es heißt zwar, dass gute Bergsteiger ein langes Leben haben – aber der Umkehrschluss ist falsch: Wer am Berg Pech hat, ist nicht zwangsläufig ein schlechter Bergsteiger. Der Volksmund weiß das genau – denken Sie nur an den »Tod im Nacken«! Auch weil, wenn Dinge schiefgehen, immer mehrere Ursachen – oder Warnzeichen – zusammenkommen. Da stürzen wir uns gleich drauf, aber zuerst noch in die Statistik. Was sagt die über Unfallursachen: Ist Sturz die häufigste? Oder Kreislaufversagen? Laut Bergunfallstatistik des DAV eher der Sturz – wobei jeder zweite Sturz durch Herzinfarkt oder einen kurzen Schwindelanfall ausgelöst sein kann.

Oder betrachten wir es so: Junge Frauen verunglücken in den Bergen fast nie tödlich, sie haben das größte Risiko zwischen 26 und vierzig – da sind die Männer relativ sicher unterwegs, deren Todesrisiko ab sechzig wieder drastisch ansteigt. Und zwar beim Wandern. Ist Wandern also gefährlicher als Klettern? Jein. Wenn es viele Wanderunfälle gibt, dann auch deshalb, weil viele Leute wandern – für den Vergleich verschiedener Aktivitäten greifen die Statistiker deshalb auf die Kennzahl »Unfälle pro tausend Stunden Sportausübung« zurück. Alles nur geschätzt, natürlich. Und da ist das Risiko, beim Klettern tödlich zu verunfallen, doch höher als beim Wandern.

Schließlich gibt es noch das Risiko Berg. Damit meine ich nicht nur das eigene Können, sondern das eigenartige Gefühl, nicht willkommen zu sein. So erging es mir auf zwei Touren am Fluchthorn (3399 m), dem zweithöchsten Gipfel der Silvretta.

Das eine Mal sind wir im August in knietiefem Schnee und White-out versunken, haben es aber doch bis kurz unter den Gipfel geschafft – bis ich einen Stein lostrete, der meinen Nachsteiger am Kopf trifft, sodass er blutend zu Boden geht. Noch heute ist mir ein Rätsel, warum wir Helme mitschleppten, aber im Kampf mit Schnee und Wind vergessen haben, sie aufzusetzen. »Menschliches Versagen« war das, nichts anderes. Doch wir hatten Glück, konnten umdrehen, absteigen und kamen ohne größere Verletzung davon.

Beim zweiten Versuch begrüßt uns das Fluchthorn mit strahlendem Sonnenschein über zähem Dunst im Tal. Aber als wir den Gipfelaufbau erreichen, kriecht die Sonne in die Wolken, sendet fröstelige Windstöße und lässt die schwarzbraunen Felsen noch finsterer erscheinen. Viel Steingebrösel und schräge Platten liegen da wild aufeinander, aber wir finden feste Griffe, so glauben wir, und kommen gut voran. Klemmkeile geben uns Sicherheit – sie würden unser Seil halten, falls einer von uns abrutscht. Denken wir jedenfalls. Bis der mittlere von uns dreien einen Keil aus seinem Spalt zieht – und der Fels zu explodieren scheint. Ein gewaltiger Steinbrocken stürzt auf uns zu. Er zerschlägt den Helm des Seilmittleren, rollt über seinen Rücken, fällt auf meine Beine und bleibt auf meinem Fuß liegen, gehalten von einer Seilschlaufe, in die ich eingebunden bin. Ich muss sie lösen, sonst zieht mich der Brocken auf dem losen Geröll in die Tiefe. Ist eh ein Wunder, dass er mich nicht mitsamt dem Seil mitgerissen hat. Er ist groß wie ein voller Rucksack, aber um ein Vielfaches schwerer.

Meinen Fuß spüre ich nicht, wer weiß, was da alles gebrochen ist. Aber der Schrecken ist nur kurz – mir schießt durch den Kopf, dass in dieser Wolkensuppe kein Heli fliegen wird –, dann gelingt es mir, irgendwo in dem Gebrösel Halt zu finden und den Kampf mit dem Felsbrocken aufzunehmen. Ich kann den Fuß befreien – der tut kaum weh – und den Brocken in die Tiefe schicken. Kurz rufen, horchen – nichts, an diesem Berg sind wir ganz allein! Und zack, ein Fußtritt, da rauscht der Klotz zu Tale, polternd, platzend, torkelnd. In einer Staub- und Schwefelwolke, so, dass man allen Engeln danken möchte, dass der Gottseibeiuns von uns gegangen ist.

Der Fuß ist heil, ein paar vorsichtige Kletterzüge, dann stehen wir auf dem Gipfel, kaum zehn Meter höher. Ein großes Kreuz steckt in einem Durcheinander aus finsteren Felsbrocken, die keinen stabilen Eindruck machen. Es fängt an leicht zu regnen, wir sind noch mal davongekommen.

Aber was wäre gewesen, wenn? Als Alpenvereinsmitglied hätte ich mir um die Rettung nicht allzu viele Sorgen machen müssen, und dank meiner Auslandszusatzversicherung auch nicht um etwaige Krankenhauskosten. Sorgen macht sich vielmehr der Alpenverein, da immer öfter Hilfe gerufen wird, wenn eigentlich (noch) nichts passiert ist. Was wiederum Einfluss auf die Kosten hat. Die Versicherung greift bei »Bergnot oder Unfällen während der Ausübung von Alpinsportarten«. Wer müde ist, keine Lust mehr hat oder nicht nass werden will, fällt da nicht drunter, auch wenn es wohl Leute gibt, die genau dann ihr Handy zücken und die Bergwacht rufen, statt erst mal im Rucksack nach einem Blasenpflaster zu suchen. Wer Glück hat, fällt dann in die – von der Versicherung gedeckte – Rubrik »Blockierung«. Lachen Sie nicht, Blockierung ist laut Statistik mittlerweile eine recht häufige Ursache der Einsätze: beim Wandern bei jedem fünften, beim Kletter-steiggehen bei jedem dritten, und beim Klettern liegt der Anteil noch höher. Wer blockiert ist, hat sich überschätzt, hat sich nicht richtig an die Tour herangetastet und ist dann überfordert. Oder noch schlimmer: Ein Teilnehmer einer gemeinsamen Tour wurde überschätzt, war nicht trainiert, nicht fit genug, hat sich überreden lassen. Das geht dann oft mit Beziehungsstress einher: »... ich wollte deine blöde Tour überhaupt nicht machen!« Das kennen Sie, oder?

Ich auch. Ich erinnere mich an eine Wanderung durch die »Kleine Schlucht«. Ich hatte bewusst nicht die »Große Schlucht« gewählt, weil die »Kleine« leichter und freund-licher klang. Sie war tatsächlich sehr schön, anfangs jeden-falls, dann wurde sie lang – und ab der siebten Stunde war sie gar nicht mehr schön, sondern nur noch lang. Aber es ging gut aus, mit einem Kaltgetränk im Schatten im Tal; wir mussten nicht die Bergwacht rufen. Bergrettung heißt sie in Österreich. Warum hie gewacht, da gerettet werden muss, ist eines der unergründlichen Rätsel der Alpen. Nein, es liegt nicht daran, dass in der Alpenrepublik die Alpen vor der Tür liegen, rettungsbereit sozusagen, während bei den deutschen Kollegen distanziertes Wachen angesagt ist.

Der Einsatz ist hüben wie drüben und in allen Alpen-
ländern enorm, kostet viel Zeit und Engagement: Ich habe
größte Hochachtung vor denen, die sich in einem so fordernden Ehrenamt engagieren, eine mehrjährige Ausbildung machen, viele Wochenenden opfern. Und nicht
immer treffen gleich gestimmte Kollegen aufeinander. Die
Nothelfer müssen den Rettungsschlitten gemeinsam sicher
zu Tal bringen, schiebend, ziehend, bremsend – egal, was
sie voneinander denken: Ob der eine nun Leistungsalpi-
nist ist (oder borniertе Maschine) und der andere einfach
nur ein guter Mensch (oder bergsteigerischer Vollkoffer) –
die eingeklammerten Einschätzungen des Kollegen am
anderen Ende des Schlittens müssen genau da drin bleiben,
in den Klammern. Sonst wird das nichts mit der Rettung,
sonst kann's gefährlich werden.

Ich hoffe, dass Sie nie einen Berg- oder Skiunfall haben,
aber sollten Sie mal im Akja liegen, so lassen Sie die Jungs
ihren Job machen und sparen Sie sich kluge Ratschläge.
Außer vielleicht, Sie sind selbst Notarzt. Ansonsten reicht
es, wenn Sie sich hinterher bedanken. Gerne auch schrift-
lich. Oder mit einer XXL-Toblerone, falls Sie etwas Alpines bevorzugen: 78 Zentimeter ist die lang und wiegt
4,5 Kilogramm. Die sah ich einmal bei den Heli-Rettern
in Lech, und die Jungs wirkten sehr zufrieden mit den
süßen Gipfeln.

Für die Bestellung ist Zeit, wenn Sie wieder aus der Klinik draußen sind – und Ihre Versicherung geklärt haben.
Das kann im Ausland manchmal vor der Behandlung nötig
sein, hängt vielleicht auch von der Farbe Ihrer Kreditkarte
ab. Ich hatte nur eine leichte Knieverletzung und war noch
recht beweglich, im Kopf und überhaupt, als ich im War-
tesaal der unfallchirurgischen Spezialklinik eines großen

Skigebiets saß. Die Website der Klinik beschreibt die Atmosphäre schonungslos genau: »Ein großzügiges Foyer macht den Patienten das Warten auf die Entscheidung zur Weiterbehandlung angenehm. Die Angehörigen können im angrenzenden Hotel ihre Zeit kurzweiliger verbringen.« Nun ja, an Kurzweil mangelte es nicht: Mein Knie schmerzte mal mehr, mal weniger, auf dem riesigen Plasmabildschirm liefen Skirennen, und so konnte ich mir Lindsey Vonns verhängnisvollen Sturz in Schladming viele Male ansehen, in Zeitlupe und in bester Auflösung. Da war ich gleich viel weniger aufgelöst, wie ich sie da schreiend auf der Piste liegen sah, und wartete wohlgemut auf die – wie heißt es? – »Entscheidung zur Weiterbehandlung«.

Um diese Entscheidung ging es auch bei den meist beleibten Herren, die sich auf Rollstühlen im »großzügigen Foyer« verteilten: um eine Entscheidung, wer die nötige OP bezahlt; und um die Entscheidung der Klinik, ob die fremdländische Versicherung oder Kreditkarte dies glaubhaft bezeugt. Die Herren feuerten Stakkati in ihre Handys, und zwischendurch rief die Schwester am Empfang einen von ihnen zu sich, um auf Englisch oder Russisch neue Erkenntnisse zu erörtern, die wohl gerade per Fax oder Mail eingetroffen waren, aber offenbar der Klinik die Entscheidung nicht erleichterten. Denn nach kurzer Zeit rollte das Unfallopfer wieder von dannen, warf einen Blick auf den Fernseher, wo Lindsey mal wieder schrie, schnaubte verächtlich und drehte sich zur Wand, ehe das Handy-Stakkato weiterging. Viel mehr Kurzweil konnte ich mir kaum vorstellen. War richtig schade, dass ich die Klinik so schnell verlassen durfte.

Absturz für Fortgeschrittene: Kreuz & Buch

Ist Ihnen schon mal aufgefallen, wie ähnlich »Après-Ski« und »Absturz« klingen? Nein? Mir auch nicht! Doch das sehen viele Menschen ganz anders: Für die ist der abendliche Besuch an der Schirmbar offenbar der Höhepunkt des Tages und ein Skitag ohne Absturz kein guter Tag. Hauptsache, die Lieder taugen zum Mitsingen, die Skihasen oder -helden sind scharf (was auch immer das sein mag) und der Alkoholkonsum ist nicht beschränkt.

Die motorischen Fähigkeiten danach sind's umso mehr: Der Weg von der Schirmbar ins Tal muss furchtbar sein. Aber da Alkohol Mut macht, sind diese Abfahrten wohl die schönsten des Tages. Sofern man sie heil übersteht. Sie merken schon: Mir ist das ganze Ritual ein Rätsel, als naiver Bergsportler und Dopingverächter. Zum »Doping« zähle ich meistens auch den Gipfelschnaps. Ich käme nicht auf den Gedanken, einen Flachmann in den Rucksack zu packen, wo der doch ohnehin immer viel zu schwer ist.

Ein guter Enzian oder Obstler ist eine feine Sache, aber lieber im Tal. Wo der Schnaps gern vom »Schwager« oder vom »Nachbarn« stammt, der ein gaaanz altes Brennrecht hat. Was da manchmal mit Etikett, manchmal in Recyclingflaschen serviert wird, kann richtig zart und sanft sein, oder rau und kratzbürstig in Rachen, Magen und Gehirn.

Auf dem Gipfel bereite ich mich lieber auf den Abstieg vor, denn wie heißt es so schön: »Ein Gipfel gehört dir erst, wenn du wieder unten bist – denn vorher gehörst du ihm.« Hans Kammerlander hat das gesagt, und der versteht was davon!

Außerdem finde ich, dass Gipfel sowieso glücklich machen. Da oben zu stehen, in die Runde zu blicken, durchzuschnaufen und sich zu freuen, deswegen geht man doch in die Berge!

Dazu gehören auch die Rituale Brotzeitmachen, Fotografieren und Ins-Gipfelbuch-Schreiben. Das gibt sich meist störrisch, steckt in einer Metallhülse, die es oft ebenso wirksam vor menschlichem Zugriff schützt wie vor Nässe. Die beiden Hälften dieser Hülse sind glatt und widerspenstig, abgespeckt von vielen verschwitzten Vorgängerhänden und wollen sich partout nicht auseinanderziehen lassen. Geht ja auch nur sorgsam parallel – oder mit Gewalt, was dann dazu führt, dass das Gipfelbuch vor die Füße fällt.

Damit nicht genug: Oft ist es feucht, trotz der scheinbar dichten Hülle, und wenn es trocken ist und noch Seiten frei sind, dann fehlt das Schreibgerät. Oder es klemmt irgendein Werbekugelschreiber im Buch, der nicht schreiben will. Ach, lassen wir den Gipfelbucheintrag bleiben, lesen wir lieber, was da schon steht: »Aussicht ist wunderbar. Habe eben einen Joint geraucht.« Und dazu, von anderer Hand geschrieben, mit einem Verbindungspfeil von »Joint«

zu »Aussicht«: »Darum!« Was Unsinn ist, denn die Aussicht vom Kenzenkopf (1745 m) ist sehr schön, wenn auch nicht berauschend.

Für Gipfelsammler ist der Kenzenkopf wohl wenig attraktiv. Die wollen lieber Zwei- oder Dreitausender, einen Berg mit »runder« Höhenzahl oder mit einer, die zum jeweiligen Jahr passt: Der ist dann tunlichst am ersten Januar zu besteigen. Besondere Berge sind auch die Grenzberge: Zugspitze, Matterhorn oder Mont Blanc – da läuft die Grenze drüber. Auch über den Mangart (2677 m) zwischen Italien und Slowenien, einen wunderbarer Aussichtsberg mit leichtem Klettersteig, schwerem Normalweg und richtig harten Kletterrouten in der Nordwand. Und tollem Panorama hinüber zum Triglav (2864 m), dem höchsten Berg Sloweniens, der mitten in einem Nationalpark liegt und mit einer Fülle von Wegen und Hütten gut erschlossen ist. Ein wildes, tolles Gebirge, diese Julischen Alpen! Manche der Bergnamen dort scheinen den Absturz in sich zu tragen, wenn auch nur für unbewegliche nordische Zungen: etwa der Pršivec. Klingt wild, ist aber nur 1761 Meter hoch und der schönste Aussichtsgipfel im Süden des Triglav, hoch über dem Bohinjsko Jezero, der früher Wocheiner See hieß.

Namens-Tücken lauern nicht nur im fremdsprachigen Ausland. An der Grenze zwischen österreichischem Kleinwalsertal und bayerischem Oberstdorf stehen zwei Berge nebeneinander, von denen der linke »Hammerspitze« hieß, der rechte »Schüsser«. Und zwar sowohl bei den Oberstdorfern wie bei den Kleinwalsertalern. Das sei nicht weiter bemerkenswert, dass Nachbarn dieselben Namen für ihre Berge haben, finden Sie? Doch, das ist es: Denn »links« und »rechts« galt von beiden Seiten – was bedeutet, dass die Berge ihre Namen tauschten, sobald man die Grenze überschritten hatte. Doch mit diesem Unsinn haben Alpenvereine und Gemeinden aufgeräumt: Seit 2013 gibt es eine »Walser Hammerspitze« (2170 m) und eine »Oberstdorfer Hammerspitze« (2260 m). Kein Schüsser mehr, kein Streit, und die neue Alpenvereinskarte konnte auch gleich richtig gezeichnet werden – so, dass sie von beiden Seiten stimmt!

Dass wir hier den Mont Blanc in zwei Wörtern schreiben, widerspricht dem Duden, der ihn eigentlich Montblanc geschrieben haben will. Dass er mit 4810 Metern der höchste Berg von Italien und Frankreich ist, ist unstrittig. Er ist auch der höchste der Alpen – aber der höchste Europas? Nicht, wenn man den Elbrus (5642 m) im Kaukasus mit zu Europa zählt. Und wo liegt der Gipfel des Mont Blanc? Genau auf der Grenze? Nur für die Italiener! Für die Franzosen verläuft die Grenze am Mont Blanc und auch am benachbarten Dôme du Goûter (4304 m) etwas südlich der Gipfel – sodass diese ganz zu Frankreich gehören. Zumindest aus Pariser Sicht! Man weiß nicht, was man davon halten soll, im 21. Jahrhundert mitten in Europa. Aber es ist ein Thema, das von offizieller Seite diskret übergangen wird; nur der italienische Alpenverein CAI hat es jetzt wieder ausgegraben, archivalisch überprüft – und den Anspruch der Franzosen vorsorglich zurückgewiesen. Das Problem besteht ohnehin erst seit 1860, als Italien die Region Savoyen an Frankreich abtrat.

Auch der Klockerkarkopf oder Glockenkarkopf (2911 m) ist ein ganz besonderer Grenzberg. Nicht weil er zwei, sondern weil er gleich drei Namen hat: Als Vetta d'Italia (»Gipfel Italiens«) gilt er als Italiens nördlichster Berg. Zu Unrecht, denn das ist der 400 Meter östlich gelegene

Monte Gemello, das Westliche Zwillingsköpfl (2841 m). Anno 1904 hat Nationalist Ettore Tolomei die *Vetta* in einer Propagandaaktion bestiegen und eine italienische Flagge gehisst. Der Berg lag damals allerdings noch »mitten in Tirol« – wie die Bronzetafel am Gipfel noch heute verkündet.

Die Drei Zinnen bildeten im Ersten Weltkrieg die Front zwischen Österreich-Ungarn und Italien, heute trennen sie Südtirol und Veneto, Deutsch und Italienisch. Die Sprachgrenze ist hart, der Austausch zwischen den Talorten Sexten und Auronzo di Cadore sehr gering. Die liegen nur achtzehn Kilometer Luftlinie voneinander entfernt – aber 47 kurvige oder 42 sehr kurvige Straßenkilometer. Da ist Nachbarschaft nicht einfach, vor allem wenn die eine Seite, die im Veneto, die Mautstraße und zwei umsatzstarke Hütten hat, die andere nur die schweren Nordwand-Touren – dafür aber die Postkartenansicht. Und eine Hütte, die Drei-Zinnen-Hütte, die aber über die venetische Straße versorgt werden muss.

Neben dem Mont Blanc ist der Monta Rosa-Stock das gewaltigste Massiv der Alpen, eine Ansammlung von Viertausendern, von denen die meisten auf italienischem Boden liegen. Der höchste jedoch, die Dufourspitze (4634 m), ist ein rein Schweizer Gipfel. Benannt seit 1863 nach dem General, Ingenieur und Kartografen Guillaume-Henri Dufour (1787–1875), der die erste topografisch genaue Landeskarte der Schweiz erstellte.

Bergsteiger können im Monta Rosa-Gebiet innerhalb weniger Tage mehr als zehn Viertausender sammeln, auf der sogenannten »Spaghettirunde«: Die heißt so, weil die Hütten in Italien stehen – und weil reichlich Pasta die Grundlage für die Ausdaueranstrengung legen soll. Meist wird dabei auch auf der höchsten Hütte der Alpen über-

nachtet, der Capanna Regina Margherita auf der Signal-
kuppe (4554 m), wegen der hier drohenden Höhenkrank-
heit liebevoll »Kopfwehbude« genannt.

Das Matterhorn (4478 m) gilt in der klassischen Ansicht
von Zermatt als das Klischeebild eines Berges schlechthin.
Der Blick von Süden aber zeigt einen wilden Haufen Berg,
mit zwei Gipfeln – dem Schweizer und dem italienischen,
der einen Meter niedriger ist, aber das Kreuz trägt. Der
Profi-Alpinist Stephan Siegrist spannte 2012 zwischen den
Gipfeln ein Hochseil und balancierte von einem Land ins
andere.

Damit erreichen wir so langsam die Kategorie »Schönste
Berge«. Für Bergsteiger verdienen Matterhorn oder Drei
Zinnen nicht unbedingt die Krone: zu überlaufen, zu ab-
gegriffen oder zu schlechter Fels, auf jeden Fall aber zu
sehr Klischeegipfel. Kenner schwärmen für Weisshorn
(4506 m), Zinalrothorn (4221 m) oder Dent du Géant
(4013 m), den schiefen »Zahn des Riesen« hoch über Chamonix. Oder vom Piz Bernina (4049 m): Der höchste
Punkt im »Festsaal der Alpen«, wie der Alpinschriftsteller
Walther Flaig die Berninagruppe nannte, hat alpingeogra-
fisch eine Sonderrolle, denn er wird als einziger Viertausender zu den Ostalpen gezählt. Außerdem hat er sicher
die schönste »Himmelsleiter« im ganzen Alpenraum: den
Biancograt. Die Fels-, Schnee- und Firnschneide zieht sich
in perfekter Wellenlinie auf den Berninagipfel zu. Ein
Traumziel für viele Bergsteiger, entsprechend überlaufen
und manchmal auch unterschätzt. Das gilt auch für das
Allalinhorn (4027 m), das von Saas Fee aus als Tagestour
zu machen ist, fährt doch die »Metro Alpin« bis auf
3456 Meter. Doch die verbleibenden knapp 600 Höhenmeter erfordern nicht einfach nur zwei bis drei Stunden

Gehzeit, sondern gute Kondition (oder noch besser: Höhenanpassung) und einiges an Können, um den Gletscher und die steile Eisflanke sicher zu bewältigen.

Insgesamt 82 Viertausender werden im Alpenraum gezählt, gemäß den offiziellen Richtlinien der UIAA (Union Internationale des Associations d'Alpinisme), dem Internationalen Verband der Alpenvereine. Da ist viel zu tun, und ich kenne Menschen, die ihr Tourenbuch mit wuchernden Excel-Tabellen verwalten, etwa mit dem Ziel, in den exklusiven »Club 4000« der Sektion Turin des Italienischen Alpenvereins CAI aufgenommen zu werden. Wer Mitglied werden will, muss mindestens dreißig der 82 Gipfel bestiegen haben, nachzuweisen mit einer – jawohl! – Excel-Tabelle. Die Mitglieder erscheinen im »Score« auf der Website – wer alle 82 geschafft hat, wird rot markiert. Manchmal frage ich mich ja, wie die Excel-Alpinisten noch genug Zeit zum wirklichen Bergsteigen haben.

So, und jetzt wollen wir uns am Gipfelkreuz aufstellen (bitte nicht *auf* das Kreuz steigen, das finden gläubige Menschen nicht lustig) und ein Gipfelfoto machen. Sind andere Bergsteiger am Weg, die man bitten könnte, das Bild zu machen? »Da draufdrücken?« – »Ja, genau!« Und er wird überall draufdrücken, nur nicht auf den Auslöser, den er erst findet, wenn er die Kamera näher betrachtet. Mit dem Ergebnis, dass wir ein schönes Panorama haben, in dem nur die paar Rümpfe stören und der eine riesengroße Kopf. Aber das lässt sich im digitalen Zeitalter ja leicht beheben – falls die Kamera noch Strom hat.

Also lieber ein Bild mit Selbstauslöser? Das verspricht auch immer besondere Erkenntnisse: Erst einmal darüber, wie man diese Funktion einschaltet, wenn man sie denn im Kameramenü überhaupt findet. Dann die fotografischen Eindrücke: Es ist alles drauf, das Kreuz, die Landschaft, die Dohle, die als schwarzer Geist durchs Bild wischt, sogar alle Bergfreunde, nur der Fotograf nicht. Das heißt, drauf ist er schon, aber von hinten, weil der Selbstauslöser sich nur auf »2 Sek.« einstellen lässt. Ich glaube, es wird Zeit, jetzt bleibt uns nur …

Der Abstieg

Da kann's eigentlich nur bergab gehen, also steigen wir aus.

P.S.: Denken Sie beim Abstieg an die Halbe-Stunde-Regel! Egal, wo Ihnen ein schnaufender Bergfreund begegnet: Sollte er fragen, wie weit es denn noch bis zum Gipfel sei, dann gibt es nur eine mögliche Antwort. Genau!

Bereits erschienen:
Gebrauchsanweisung für ...

01/0004/14/L

01/0005/14/R

01/0006/14/L